# 上海公路日常养护作业标准化
# 操作手册

上海市道路运输事业发展中心
上 海 城 建 职 业 学 院　主编

同济大学出版社
TONGJI UNIVERSITY PRESS
·上海·

**图书在版编目(CIP)数据**

上海公路日常养护作业标准化操作手册/上海市道路运输事业发展中心，上海城建职业学院主编. --上海：同济大学出版社，2025.7. -- ISBN 978-7-5765-1623-4

Ⅰ. U418-65

中国国家版本馆 CIP 数据核字第 2025XY4749 号

# 上海公路日常养护作业标准化操作手册

上海市道路运输事业发展中心
上　海　城　建　职　业　学　院　**主编**

**责任编辑**　朱　勇　　**责任校对**　徐逢乔　　**封面设计**　陈益平

出版发行　同济大学出版社　　www.tongjipress.com.cn
(地址:上海市四平路 1239 号　邮编:200092　电话:021-65985622)
经　　销　全国各地新华书店
排　　版　南京文脉图文设计制作有限公司
印　　刷　上海颛辉印刷厂有限公司
开　　本　710mm×1000mm　1/16
印　　张　12.75
字　　数　209 000
版　　次　2025 年 7 月第 1 版
印　　次　2025 年 7 月第 1 次印刷
书　　号　ISBN 978-7-5765-1623-4

定　　价　98.00 元

# 编　委　会

# 前言
PREFACE

作为国际大都市的上海，其公路网络不仅是城市交通的血脉，也是展现城市形象与管理水平的重要窗口。随着交通流量的不断增长和公众对出行品质的要求日益提升，公路养护工作的精细化、标准化管理显得尤为重要。为此，上海市道路运输事业发展中心精心组织编写《上海公路日常养护作业标准化操作手册》（以下简称"本手册"）。

本手册严格遵循国家和地方的法律、法规、行业标准和规范，紧密结合上海公路养护的实际情况和特点，涵盖了公路养护的八大日常工作领域，包括巡查、清扫保洁、路基日常养护、沥青路面日常养护、水泥路面日常养护、桥涵日常养护、附属设施日常养护以及绿化日常养护，并详细梳理了这些工作的操作流程。采用图文结合的方式，通过实例图片、操作流程图和简洁的文字说明，方便一线养护工作人员快速掌握并准确应用。

本手册不仅是对上海公路日常养护实践的总结，也是对日常养护工作标准化、精细化发展的前瞻探索。感谢所有参与本手册编制的单位、专家以及一线养护人员。同时，也期待在使用过程中各单位能提出宝贵意见和建议，以便不断完善和提高，共同推动上海公路养护事业的发展。

本手册编制组

2025 年 4 月

# 目录
CONTENTS

# 1 总则



## 编制目的

为规范上海公路日常养护作业流程，提高公路日常养护精细化水平，提升公路日常养护效率与质量，特编制本手册。

## 适用范围

本手册适用于上海地区已竣工验收并投入使用的公路路基、路面、桥梁、沿线设施等公路土建设施的日常养护常用作业场景的实践操作技术指导。

## 基本原则

公路日常养护应贯彻预防为主、防治结合、科学决策、集约高效的方针，树立创新、协调、绿色、开放、共享的新发展理念和全寿命周期养护理念。

公路日常养护应注重安全文明施工，严格落实安全生产和质量管理技术措施，树立高度的交通服务意识和安全意识。

公路日常养护应贯彻节约资源和保护环境的基本国策，提高再生利用、资源节约养护水平，落实污染防治技术措施，提高公路绿色发展水平。

## 编制依据

本手册编制主要参考 JTG 5110、DB 31/T489 等相关规范和技术文件。

# 2 巡查作业

## 2.1 日常巡查

### 巡查频率

日常巡查应按公路养护等级制定检查周期，巡查频率不应小于表 2.1-1 的规定。

表 2.1-1 公路日常巡查频率

| 养护等级 | | 养护等级Ⅰ级 | 养护等级Ⅱ级 | 养护等级Ⅲ级 |
| --- | --- | --- | --- | --- |
| 巡查频率 | 日间巡查 | 1 次/日 | 1 次/日 | 2 次/周 |
| | 夜间巡查 | 1 次/月 | 1 次/2 个月 | 1 次/3 个月 |

注：① 高速公路入城段、重大活动周边区域路段及其他重点路段的养护等级Ⅰ级路段，日间巡查频率提高至 2 次/日；
② 一级公路城镇化地区繁华路段、交通枢纽、旅游集散点、五大新城核心区域、重大活动周边区域路段的养护等级Ⅰ级路段，日间巡查频率提高至 2 次/日；
③ 二级公路城镇化地区繁华路段、交通枢纽、旅游集散点、五大新城核心区域、重大活动周边区域路段的养护等级Ⅱ级路段，日间巡查频率提高至 2 次/日；
④ 三、四级公路城镇化地区的养护等级Ⅲ级路段，日间巡查频率提高至 1 次/日；
⑤ 高速公路和一级公路应双向全程巡查

### 巡查内容

#### 路面巡查

路基、路面外观是否完好整洁、使用正常，是否有积水、积雪、结冰和杂物等。

是否存在影响公路交通安全的病害、缺损及其他异常情况。

各类排水设施是否有堵塞情况。

路侧是否存在遮挡标志和安全视距的植物与设施。

路域范围内的施工作业对公路基础设施和交通运行的影响。

是否有其他损坏及异常情况。

### 桥梁巡查

桥涵等构造物是否有明显的结构变形或缺损等。

桥梁及附属设施外观是否完好整洁、使用正常，是否有积水、积雪、结冰和杂物等。

是否有其他损坏及异常情况。

### 隧道巡查

巡查人员使用巡检车对隧道设施设备进行日常巡查，检查方式以目视为主。隧道设施设备巡查常规工作内容如下：

路面及检修道是否有明显缺陷(坑塘、碎裂、沉降、裂缝、高堡、错台等)。

隧道内装饰面砖及其他装饰材料是否有起拱、脱落现象。

变形缝是否有损坏情况。

横截沟、边沟是否有积泥堵塞现象。

隧道内设备箱门、通道门、交通信号、标志标线是否完好。

隧道内车行道的渗漏水状况。

### 附属设施巡查

附属设施外观是否完好整洁、使用正常，是否有积水、积雪、结冰和杂物等，是否存在影响公路交通安全的病害、缺损及其他异常情况。

防眩设施、标志、标线和轮廓标等夜间视认性是否满足使用要求，照明设施是否齐全完好、工作正常。

是否有其他损坏及异常情况。

### 绿化巡查

植物生长状况：观察树木、花卉、草坪等的整体生长态势，留意植物有无病虫害迹象、是否缺水，判断浇水是否得当。

卫生清洁：查看绿地内有无垃圾、杂物堆积；清理落叶、落花，保持绿地整洁。

设施设备：检查围栏、花坛、园路等园林设施是否完好无损；查看标识牌是否清晰、稳固。

安全隐患：检查树木枝干是否存在断裂风险，是否危及行人和设施安全。



### 夜间专项巡查

夜间专项巡查时，应重点检查夜间照明和标志、标线的技术状况。

### 汛期专项巡查

汛期专项巡查时，应重点关注公路雨水管涵、边沟、截水沟、雨水进水口和泵站等排水设施，确保排水畅通无阻；关注下立交积水尺、警戒线等设施，以及标志标牌、龙门架、声屏障等高空易坠物；对树木倒伏隐患等进行排查。

### 冰雪天气专项巡查

冰雪天气专项巡查时，应重点关注桥面、下立交、人行天桥、涵洞、地道、隧道出入口、桥头引道等易积雪路段；如遇冰冻天气，应加强急弯、陡坡、平交道口、连续下坡、视距不良、路侧险要及事故多发等危险路段的巡查力度。

## 巡查要求

### 巡查人员要求

巡查人员应具备相应的专业知识和技能。

巡查人员应严格遵守巡查规程，确保巡查质量。

### 巡查记录要求

日常巡查可采用车行观察方式，辅以摄影或摄像，并应做好相关记录。发现异常情况，应下车抵近检查，对异常情况类型和位置进行记录并上报。

日常巡查发现有危及公路交通安全运行的病害、损毁及其他异常情况时，应及时处置。一时不能处理的，巡查人员应立即设置警示防护标志并上报，在现场监视，直至应急处置和抢修人员到场。

### 巡查设备要求

巡查时应配备必要的检测设备、工具等，确保巡查工作的顺利进行。

### 巡查安全要求

巡查人员在进行巡查时，应注意个人安全，佩戴安全帽、穿好工作服，夜间需要穿（佩）戴反光背心及肩灯等安全装备；应遵守交通规则，确保安全。

## 巡查记录表

发现异常情况时，应对异常情况类型和位置进行记录并及时上报。采用信息化快速巡查手段的日常巡查，应包含日常巡查记录表中要素，参见附录1。

## 日常巡查图片

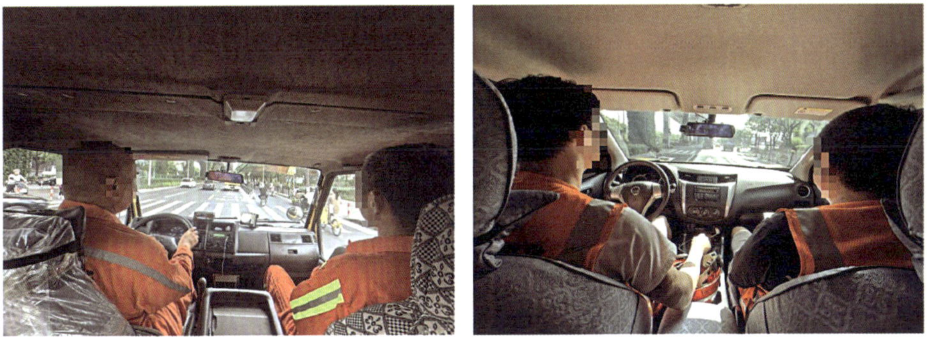

图 2.1-1　日间车辆日常巡查

图 2.1-2　夜间车辆日常巡查

图 2.1-3　路面日常巡查

图 2.1-4　桥梁日常巡查

图 2.1-5　隧道日常巡查

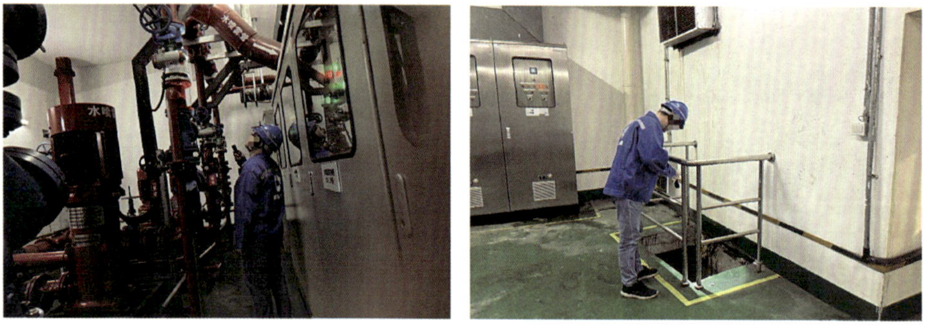

图 2.1-6　附属设施日常巡查

图 2.1-7　绿化日常巡查

## 2.2 经常性检查

### 检查频率

经常性检查应按公路设施类型和公路养护等级分别制定检查周期，经常性检查频率不宜小于表 2.2-1 的规定；技术状况等级为中的路段，表列Ⅱ级、Ⅲ级应各提高一级；技术状况等级为次、差的路段，采用Ⅰ级；雨雪、冰冻季节以及台风、暴雨、暴雪和大雾等自然灾害频发期，应提高经常性检查频率。

表 2.2-1　公路经常性检查频率

| 单位工程 | 经常性检查频率 | | |
|---|---|---|---|
| | 养护等级Ⅰ级 | 养护等级Ⅱ级 | 养护等级Ⅲ级 |
| 路基 | 1 次/月 | 1 次/月 | 1 次/3 个月 |
| 路面 | 1 次/月 | 1 次/月 | 1 次/3 个月 |
| 交通安全设施 | 1 次/月 | 1 次/月 | 1 次/3 个月 |
| 绿化与环保设施 | 1 次/月 | 1 次/2 个月 | 1 次/3 个月 |
| 桥梁、隧道土建结构 | 1 次/月 | 1 次/月 | 1 次/月 |

## 检查内容

### 路面经常性检查

沥青路面：检查路面是否有龟裂、块状裂缝、纵向裂缝、横向裂缝、沉陷、车辙、波浪拥包、坑槽、松散、泛油、修补等病害。

混凝土路面：检查路面是否有破碎板、裂缝、板角断裂、错台、拱起、边角剥落、接缝料损坏、坑洞、唧泥、露骨、修补等病害。

人行道：检查人行道是否铺筑平整、牢固稳定，缘石是否整齐顺适。

排水：观察路面排水设施是否畅通，有无积水现象。

### 桥梁经常性检查

外观是否整洁，有无杂物堆积、杂草蔓生。

构件表面的涂装层是否完好，有无损坏、老化变色、开裂、起皮、剥落、锈迹。

桥面铺装是否平整，有无裂缝、局部坑槽、积水、沉陷、波浪、碎边；混凝土桥面是否有剥离、渗漏，钢筋是否露筋、锈蚀，缝料是否老化、损坏，桥头有无跳车。

伸缩缝是否堵塞卡死，连接部件有无松动、脱落、局部破损。

排水设施是否良好，桥面泄水管是否堵塞和破损。

人行道、缘石、栏杆、扶手、防撞护栏和引道护栏（柱）有无撞坏、断裂、松动、错位、缺件、剥落、锈蚀等。

桥梁结构有无异常变形，异常的竖向振动、横向摆动等情况，检查各部件的技术状况，查找异常原因。

支座是否有明显缺陷，活动支座是否灵活，位移量是否正常（支座的经常性检查一般可以每季度1次）。

检查桥位区段河床冲刷变化情况，基础是否受到冲刷损坏、外露、悬空、下沉，墩台及基础是否受到生物腐蚀。

墩台是否受到船只或漂浮物撞击而受损。

翼墙（侧墙、耳墙）有无开裂、倾斜、滑移、沉降、风化剥落和异常变形。

锥坡、护坡、调治构造物有无塌陷，铺砌面有无缺损、勾缝脱落、灌木杂草丛生。

交通信号、标志、标线、照明设施以及桥梁其他附属设施是否完好。

是否有其他显而易见的损坏或病害。

### 附属设施经常性检查

- 护栏的检查

  各类护栏结构部分有无损坏或变形，立柱与水平构件的紧固状况。

  污秽程度及油漆状况。

  拉索的松弛程度。

  护栏及反光膜的缺损情况。

- 隔离栅的检查

  结构部分有无损坏或变形。

  有无污秽或悬挂未经交通运输管理部门批准的广告、启事等。

  油漆老化剥落及金属构件锈蚀情况。

- 防眩设施的检查

  结构部分有无损坏或变形。

  构件的紧固状况。

  油漆老化剥落及金属构件锈蚀情况。

  污秽程度及油漆状况。

- 其他设施的检查

其他设施包含里程碑、百米桩、道口标柱、公路界碑、防落网、锥形交通路标、防撞桶、减速垫、安全岛、平曲线反光镜、声屏障、示警标柱。

### 隧道经常性检查

隧道经常性检查主要检查各结构部件的功能是否完好、有效，运行是否正常。发现需改善的设施和对通行有影响的设施缺陷应做好检查记录，并及时处置；对缺损严重、危及安全运行且无法判断其损坏原因的，应提出特殊检查的要求。经常性检查内容应包含：

- 路面及检修道的明显缺陷。
- 隧道内装饰面砖及其他装饰材料是否有起拱、脱落现象。
- 变形缝是否有损坏。
- 横截沟、边沟等排水设施是否良好，是否有积泥堵塞现象。
- 隧道内设备箱门、通道门、交通信号、标志标线是否完好。

- 隧道内车行道的渗漏水状况。
- 构筑物的表面是否清洁。
- 车行道上是否有影响运行的障碍。

### 绿化经常性检查

植物生长情况：仔细检查植物的生长速度、叶片颜色、形态等，以及是否有病虫害；仔细检查植物的叶片是否枯黄、萎蔫，枝条是否折断，花朵是否凋谢等；注意植物的水分和养分状况。

土壤情况：仔细观察土壤的颜色、湿度、通透性等，以及土壤中是否有积水、杂草生长等情况。

修剪整形：确认植物的修剪是否符合造型要求，有无徒长枝、交叉枝、病弱枝未修剪；检查绿篱、花坛等边缘是否整齐美观。

灌溉系统：检查喷头、滴灌设施等是否正常工作，有无堵塞、漏水；观察灌溉的水量和分布是否均匀。

设施情况：仔细检查绿化区域内的各种设施，如花坛、草坪、花箱、雕塑、护栏等，查看它们是否有损坏、变形、脱落等情况。

环卫情况：仔细检查区域内是否有垃圾、落叶、杂草等污染物，保持绿化区域的整洁美观。

防风防寒措施：在大风或寒冷季节，检查树木的支撑是否牢固，观察防寒保护材料是否完好。

补种补植：留意有无缺株、死株现象，及时安排补种补植。

隐患排查：应仔细检查树木是否有倒伏、枝条折断等安全隐患，以及是否有露脚根等可能导致行人绊倒的情况。

## 检查要求

### 检查人员要求

检查人员应具备相应的专业知识和技能。

检查人员应严格遵守检查规程，确保检查质量。

### 检查记录要求

发现病害及其他异常情况时，应现场对其类型和范围等进行判定并记录；病害及其他异常情况较严重时应做专项检查，进一步判明病害程度及成因，并根据检查及评定结论采取相应的养护措施。

### 检查设备要求

经常性检查应以抵近检查为主，可采用目测与仪器、工具量测相结合的方法，路面和重大构造物检查宜采用自动化、信息化检测与人工检查相结合的手段。经常性检查设备及工具见表 2.2-2。

表 2.2-2　经常性检查设备及工具

| 检测类型 | 设备及工具 |
|---|---|
| 经常性检查 | 长柄扫帚、钢刷、刮刀、平头起子、铲子 |
| | 手电（防洪、防雨灯） |
| | 工作套装（防雨、带胶靴） |
| | 钢卷尺（5～30 m） |
| | 检测报告表 |
| | 粉笔、标示笔 |
| | 三角板、量角器 |
| | 记事本、桥梁简图 |
| | 放大镜 |
| | 铅锤 |
| | 裂缝观测仪 |
| | 数码相机（广角、近照、闪光灯） |
| | 医药袋 |

### 检查安全要求

检查人员在进行检查时，应注意个人安全，佩戴安全帽、穿好工作服，夜间需要穿（佩）戴反光背心及肩灯等安全装备；应遵守交通规则，确保安全。

## 检查记录表

发现病害及其他异常情况时，应现场对其类型和范围等进行判定并记录，及时填写经常性检查记录表，参见附录 2。

## 经常性检查图片

图 2.2-1　路面经常性检查

图 2.2-2　桥梁经常性检查

图 2.2-3　隧道设施经常性检查

图 2.2-4　人行道经常性检查

图 2.2-5　附属设施经常性检查

图 2.2-6　绿化经常性检查

# 2.3 智能养护巡查

## 智能养护巡查简介

智能养护巡查是基于 AI 技术的创新道路巡查手段。依托视觉影像、北斗定位及人工智能技术，巡查车辆通过配备专业设备，自动化识别和记录道路病害，并提供详细的地理位置信息，协助管理部门及时采取针对性维修措施，延长道路使用寿命，保障道路运行安全。

## 智能养护巡查流程

设备检查与准备：巡查前需确保车载设备（如工业相机、定位装置等）运行正常，相关仪器需定期维护与校准。

道路数据采集：巡查车辆在指定路段行驶，车载设备自动采集路面图像，并通过高精度定位系统记录地理位置。

病害自动识别：通过人工智能算法对采集的图像数据进行实时分析，精准识别病害类型及其具体位置。

数据上传与存储：巡查过程中产生的病害识别数据，包括图像、坐标及病害信息，需通过无线网络及时上传至云端服务器。

数据处理与报告生成：云端平台对上传数据进行统计分析，并生成包含巡查覆盖率、病害分布、病害类型及严重程度的可视化巡查报告。

维修养护派单：相关养护部门查询巡查结果，养护单位据此制订维修养护计划并执行。

## 智能养护巡查工作内容

病害检测：巡查系统自动检测并记录裂缝、网裂、坑槽变形等路面病害。

病害分类：根据不同病害特征，系统自动分类，便于后续维修工作的有序展开。

病害精准定位：系统通过高精度定位装置，记录病害的地理坐标，确保维修时快速定位。

病害面积估算：通过图像分析技术，精确估算病害面积，为维修方案提供依据。

病害档案建立：巡查过程中，自动将病害信息（包含图片、坐标、病害类型及面积等）入库，形成系统化的病害档案。

病害跟踪与评估：对已识别病害进行定期复查，监控病害发展情况，并对维修效果进行评估。

## 智能养护巡查工作要求

设备状态良好：巡查前需确保所有车载设备处于良好运行状态，定期开展设备校准、调试及维护，保障巡查工作准确高效。

数据采集准确：确保采集的数据真实、可靠，杜绝因设备故障或操作失误引发的错误信息。

信息上传及时：确保巡查数据实时上传至云端服务器，避免信息滞后影响维修决策。

人员操作规范：巡查操作人员需定期接受系统操作培训，熟练掌握设备使用流程及应急处理方案，确保巡查作业安全、规范、高效。

巡查路线规范：巡查车需按覆盖率要求执行巡查任务，为了覆盖道路所有车道，巡查车需每日分上下行、分不同车道进行巡查。

信息管理安全：对巡查过程中采集的数据信息，需严格落实数据安全管理，防止敏感信息泄露，保障数据的完整性与安全性。

操作流程标准化：巡查工作需按照标准化作业流程执行，确保操作规范一致，提高巡查结果的可靠性和可复用性。

## 智能养护巡查图片

图 2.3-1　智能养护巡查

# 3 清扫保洁作业

## 3.1 路面清扫保洁

### 保洁频率

高速公路、普通公路的养护等级Ⅰ级、Ⅱ级路段应以机械保洁为主，人工保洁为辅；普通公路养护等级Ⅲ级路段宜以机械保洁为主，人工保洁为辅。保洁频率应不小于表3.1-1的规定。

表3.1-1　路面清扫保洁频率

| 养护等级 | 养护等级Ⅰ级 | 养护等级Ⅱ级 | 养护等级Ⅲ级 |
|---|---|---|---|
| 清扫保洁频率 | 1次/日 | 1次/日 | 2次/周 |
| 注：① 高速公路入城段、重大活动周边区域路段及其他重点路段的养护等级Ⅰ级路段，清扫保洁频率提高至2次/日；<br>② 一级公路城镇化地区繁华路段、交通枢纽、旅游集散点、五大新城核心区域、重大活动周边区域路段的养护等级Ⅰ级路段，清扫保洁频率提高至2次/日；<br>③ 二级公路城镇化地区繁华路段、交通枢纽、旅游集散点、五大新城核心区域、重大活动周边区域路段的养护等级Ⅱ级路段，清扫保洁频率提高至2次/日；<br>④ 三、四级公路城镇化地区的养护等级Ⅲ级路段，清扫保洁频率提高至1次/日 | | | |

### 保洁内容

对车行道、人行道、桥梁、人行过街地下通道、人行过街天桥等进行保洁。

### 保洁要求

机械保洁做到路面清、隔离障清、沟底清，无尘沙积垢、无陈旧垃圾、无废弃砖石、无漏扫、无积水。

人工保洁做到路面清、人行道清、沟底清、树穴清、墙根清、隔离障清，无小堆垃圾、无废弃砖石、无积存污水、无漏扫。

## 作业图片

图 3.1-1　路面机械保洁

图 3.1-2　路面人工保洁

## 保洁后效果

图 3.1-3　机械保洁后

图 3.1-4　人工保洁后

# 3.2 路基保洁

## 保洁频率

与路面清扫保洁频率一致。

## 保洁内容

整理路肩、边坡，修剪路肩、分隔带草木，清除杂物，保持路容整洁。

疏通边沟，保持排水系统畅通。

清除挡土墙、护坡滋生的有碍设施功能发挥的杂草，疏通泄水孔，及时清除松动石块。

## 保洁要求

路肩、路基边坡上清理杂物、垃圾、堆积物及高度在 15 cm 以上的高草，确保排水设施顺畅、挡土墙泄水孔无堵塞。

## 作业图片

图 3.2-1　路基保洁

## 保洁后效果

图 3.2-2 路基保洁后

# 3.3 分隔带、路侧绿化带保洁

## 保洁频率

与路面清扫保洁频率一致。

## 保洁内容

清理分隔带、路侧绿化带的垃圾和堆积物及白色漂浮物，及时清理悬挂物，对尘土、油类物质或化学物品造成的叶面污染及时清理，分隔带无浮土。

## 保洁要求

主要道路分隔带、路侧绿化带应保持整洁、美观。对于栽培、整修或其他作业留下的渣土、枝叶等，作业人员应及时清除。

### 作业图片

图 3.3-1　分隔带、路侧绿化带保洁

### 保洁后效果

图 3.3-2　分隔带、路侧绿化带保洁后

## 3.4 交通标志保洁

### 保洁频率

公路养护等级Ⅰ级、Ⅱ级路段每月不少于1次，其余路段每季度不少于1次。

### 保洁内容

清除标志牌表面浮灰、粘贴物等杂物。

## 保洁要求

标志牌表面无浮灰、无粘贴物。

## 作业图片

图 3.4-1　交通标志保洁

## 保洁后效果

图 3.4-2　交通标志保洁后

# 3.5 标线保洁

## 保洁频率

公路养护等级Ⅰ级、Ⅱ级路段每半年不少于 1 次,其余路段每年不少于 1 次。

## 保洁内容

对标线进行人工保洁。

## 保洁要求

标线清晰无污染。

## 作业图片

图 3.5-1　标线保洁

## 保洁后效果

图 3.5-2　标线保洁后

# 3.6 突起路标和轮廓标保洁

## 保洁频率

公路养护等级Ⅰ级、Ⅱ级路段每月不少于1次，其余路段每季度不少于1次。

## 保洁内容

对突起路标和轮廓标进行人工保洁。



## 保洁要求

突起路标和轮廓标整洁无污染。

## 作业图片

图 3.6-1　突起路标和轮廓标保洁

## 保洁后效果

图 3.6-2　突起路标和轮廓标保洁后

# 3.7 波形钢护栏保洁



## 保洁频率

公路养护等级Ⅰ级、Ⅱ级路段每月不少于1次，其余路段每半年不少于1次。

## 保洁内容

波形钢护栏日常保洁可结合路面清扫保洁同步进行，应及时清除小广告及立柱根部杂草。利用隔离清洗设备对波形钢护栏进行清洗。

## 保洁要求

波形梁、立柱、柱帽、防阻块、托架及紧固件等构件应整洁。

## 作业图片

图3.7-1　波形钢护栏机械保洁

图3.7-2　波形钢护栏人工配合保洁

### 保洁后效果

图 3.7-3　波形钢护栏机械保洁后

图 3.7-4　波形钢护栏人工配合保洁后

## 3.8 混凝土护墩和隔离墩保洁

### 保洁频率

公路养护等级Ⅰ级、Ⅱ级路段每月不少于 1 次，其余路段每季度不少于 1 次。

### 保洁内容

混凝土护墩和隔离墩日常保洁可结合路面清扫保洁同步进行，应及时清除混凝土护墩和隔离墩表面污秽、小广告。利用隔离清洗设备对混凝土护墩和隔离墩进行清洗。

### 保洁要求

混凝土预制块件表面应整洁，涂装层应无明显剥落或褪色。

## 作业图片

图 3.8-1　混凝土护墩和隔离墩机械保洁

图 3.8-2　混凝土护墩和隔离墩人工配合保洁

## 保洁后效果

图 3.8-3　混凝土护墩和隔离墩保洁后

# 3.9 隔离护栏保洁



## 保洁频率

公路养护等级Ⅰ级、Ⅱ级路段每月不少于1次，其余路段每季度不少于1次。

## 保洁内容

隔离护栏日常保洁可结合路面清扫保洁同步进行，应及时清除隔离护栏表面污秽、小广告。使用隔离护栏专用机械设备进行清洗，难以清除的污渍应配合人工清洗。

## 保洁要求

隔离护栏应无缺失和明显变形，表面应保持整洁。

## 作业图片

图 3.9-1　隔离护栏机械保洁

图 3.9-2　隔离护栏人工保洁

### 保洁后效果

图 3.9-3　隔离护栏机械保洁后

图 3.9-4　隔离护栏人工保洁后

## 3.10 防眩板保洁

### 保洁频率

公路养护等级Ⅰ级、Ⅱ级路段每月不少于 1 次，其余路段每季度不少于 1 次。

### 保洁内容

防眩板日常保洁可结合路面清扫保洁同步进行，应及时清除防眩板表面污秽。宜使用机械设备进行清洗，难以清除的污渍应配合人工清洗。

## 保洁要求

防眩板板面应保持整洁。

## 作业图片

图 3.10-1　防眩板机械保洁

## 保洁后效果

图 3.10-2　防眩板保洁后

# 3.11 声屏障保洁

## 保洁频率

每月不少于 1 次。

## 保洁内容

声屏障清洗保洁。

## 保洁要求

声屏障干净、无污染。

## 作业图片

图 3.11-1　声屏障保洁

## 保洁后效果

图 3.11-2　声屏障保洁后

# 3.12 非机动车道保洁

## 保洁频率

表 3.12-1　非机动车道保洁频率

| 项目 | 频次要求 | |
|---|---|---|
| | 养护等级Ⅰ级 | 养护等级Ⅱ级 |
| 非机动车道保洁 | 不少于 2 次/日 | 不少于 1 次/日 |
| 注：① 污染程度严重区域应适当加大清扫频率；<br>② 保洁后，难以清除的污渍应配合人工清洗直至满足保洁标准；<br>③ 完成本表所规定的作业频次后，若仍达不到保洁标准，应增加作业频次，直至满足标准要求 | | |

## 保洁内容

非机动车道路面清扫及应急处理。

## 保洁要求

机械清扫时应开启警示灯，使用喷水压尘，同时确保扫盘放置到位，清扫效果明显，做到路面清、隔离障清、沟底清，边口无积尘、无石子、无污水，无明显杂物（每千米不超过 2 处）或大件漂浮物，垃圾及时清理。

## 作业图片

图 3.12-1　非机动车道保洁

## 保洁后效果

图 3.12-2　非机动车道保洁后

# 4 路基日常养护作业

## 4.1 土路肩整修

### 施工作业前典型病害

图 4.1-1　土路肩下沉

### 主要修补材料

土方。

### 主要施工机械

运输车、汽油夯。

### 施工流程

作业区安全防护→清理路肩杂草→填土→人工整平→夯实→播撒草籽。

## 施工作业中图片

图 4.1-2　整修除草

图 4.1-3　土方回填

图 4.1-4　土方放样平整

图 4.1-5　夯实找平

## 施工作业修复后效果

图 4.1-6　土路肩修复后

**技术要点**

1. 路肩养护应保持路肩表面平整、清洁、无杂物、无杂草；边缘顺直、无缺损；横坡符合设计要求，与路面衔接平顺，不阻碍路面排水。
2. 当土路肩出现车辙、坑洼或与路面产生错台现象时，须及时整修，并用与原路基相同的土填平夯实，使其顺适。
3. 当土路肩过高或横坡度过小，妨碍路面排水时，应铲削整平，宜在雨后土壤湿润状态下，结合清理边沟同时进行。铲除的土或混合料，不得堆放在边沟内或边沟上。
4. 当土路肩出现塌陷或横坡度过大时，宜将路肩上出现损坏部分的土挖去，用良好的砂土以及其他合适的材料填补压实。若填补厚度大于15 cm，应分层夯压密实。



## 4.2 土路肩横坡处理

### 施工作业前典型病害

图 4.2-1　横坡沉陷不平

图 4.2-2　横坡缺口

### 主要修补材料

土方。

## 主要施工机械

运输车、平板机。

## 施工流程

作业区安全防护→清除原土路肩坡杂草→填土→人工整平→夯实→播撒草籽。

## 施工作业中图片

图 4.2-3　除草清理

图 4.2-4　填土平整

图 4.2-5　平整修补

图 4.2-6　土方夯实

## 施工作业修复后效果

图 4.2-7 土路肩横坡修复后



**技 术 要 点**

1. 路肩养护应保持路肩表面平整、清洁、无杂物、无杂草,边缘顺直、无缺损。
2. 应采用与原路基相同的土填平夯实,使其顺适。

# 4.3 人行道损坏修复

## 4.3.1 同质砖及大理石人行道板损坏修复

### 施工作业前典型病害

图 4.3-1 同质砖人行道板拱起不平

图 4.3-2 同质砖人行道板开裂不平

图 4.3-3 大理石人行道板开裂破损



## 主要修补材料

水泥、碎石、黄沙、同质砖、大理石。

## 主要施工机械

运输车、空压机。

## 施工流程

同质砖人行道板修复流程：作业区安全防护→拆除旧同质砖→基础修复→排砌新同质砖→黄沙扫平缝隙。

大理石人行道板修复流程：作业区安全防护→拆除旧大理石→基础修复→排砌新大理石→黄沙扫平缝隙。

## 施工作业中图片

图 4.3-4 同质砖人行道板拆除面层

图 4.3-5 同质砖人行道板拆除垫层

图 4.3-6　同质砖人行道板铺设

图 4.3-7　大理石人行道板破损凿除

图 4.3-8　大理石人行道板垫层凿除

图 4.3-9　大理石人行道板干拌砂浆找平

图 4.3-10　大理石人行道板接缝板铺设

## 施工作业修复后效果

图 4.3-11　同质砖人行道板修复后

图 4.3-12　大理石人行道板修复后

**技术要点**

1. 人行道表面应平整，无积水、无障碍物，砌块无松动、残缺，相邻块高差应符合要求。
2. 更换的砌块色彩、强度、块型、尺寸均应与原面层砌块一致。
3. 面层砌块发生错台、凸出、沉陷时，应将其取出后整理垫层，并重新铺装面层后填缝。修理的部位应与周围的面层砌块砖相接平顺。
4. 对基层强度不足产生的沉陷或破碎损坏，应先加固基层，再铺砌面层砌块。
5. 砌块的修补部位宜大于损坏部位一整砖。

## 4.3.2　装配式缝隙互锁透水砖人行道修复

### 施工作业前典型病害

图 4.3-13　互锁透水砖损坏

## 主要修补材料

碎石、装配式缝隙互锁透水砖、装配式框架、土工布。

## 主要施工机械

运输车、挖机。

## 施工流程

作业区安全防护→挖除原有人行道砖及垫层→底部素土压实→透水土工布搭接铺设→碎石找平、做垫层→铺设排水盲管→装配式透水基层框架拼装→框架内腔使用碎石填平→框架面层透水土工布搭接铺设→碎石找平层→铺设缝隙互锁透水砖→碎石扫缝。

## 施工作业中图片

图 4.3-14　挖除旧人行道

图 4.3-15　铺设土工布

图 4.3-16　铺设排水盲管

图 4.3-17　透水基层框架拼装

图 4.3-18　框架碎石填平

图 4.3-19　碎石找平层

图 4.3-20　铺设互锁透水砖

图 4.3-21　碎石扫缝

## 施工作业修复后效果

图 4.3-22　互锁透水砖修复后

**技术要点**

1. 互锁式透水面砖和互锁式基础都为整体受力，可向相邻块体分散荷载，正常情况下不易出现病害。但若施工时找平层施工不平整，或有承载货车驶入人行道，也可能会造成面砖断裂、脱空、沉陷等病害。
2. 装配式互锁缝隙透水砖维修简单方便，病害发生到哪一层，就修复至哪一层，面砖和基础框架均可直接更换。若需更换管线，直接开挖将面砖和框架取出，施工后无需水泥基回填，直接将互锁透水砖重新装配即可。
3. 修补部位宜大于损坏部位一整砖，与周围的面层砌块砖相接平顺。
4. 在互锁式透水砖铺设完成后，及时进行填缝处理。填缝应填充饱满、均匀，无空鼓和脱落现象。填缝材料应具有良好的透水性能，以保持人行道的透水功能。

## 4.3.3 扩大树穴及人行道修复

### 施工作业前典型病害

图 4.3-23 树穴及人行道病害

### 主要修补材料

树箅(透水格栅)、花岗岩侧平石、花岗岩道砖、碎石、透水石、鹅卵石。

## 主要施工机械

运输车。

## 施工流程

作业区安全防护→挖除树穴病害处侧平石、人行道砖及垫层→铺设侧石→底部素土压实→碎石找平、做垫层→铺设树穴两侧道砖→铺设平石装饰条→增加树池表土厚度→透水石覆盖树池表土→安装树箅（透水格栅）→透水石扫缝→树池内铺设鹅卵石。



## 施工作业中图片

图 4.3-24　挖除病害处侧石

图 4.3-25　铺设侧石

图 4.3-26　铺设找平垫层

图 4.3-27　铺设树穴两侧道砖

图 4.3-28　增加表土厚度

图 4.3-29　安装树箅

## 施工作业修复后效果

图 4.3-30　树穴及人行道修复后

**技术要点**

1. 树穴的位置应适当，方便行人通行，且不得影响树木的正常生长。
2. 树穴的标高应与人行道铺装表面一致，确保路面平整，避免积水或绊脚。
3. 对于由于树木根系过浅、过大引起路面的起拱及不均匀沉降等问题，需对树木进行根系处治或采取其他加固措施。
4. 更换的砌块色彩、强度、块型、尺寸均宜与原面层砌块一致。若更换面积较大，宜与周边环境相协调。

## 4.3.4 人行道彩色环氧磨耗层修复

### 施工作业前典型病害

图 4.3-31 彩色环氧磨耗层磨损



### 主要修补材料

环氧底涂、环氧浆料、盲道模具、面涂界面剂。

### 主要施工机械

运输车、环氧搅拌机、喷涂机。

### 施工流程

对于脱皮或龟裂严重的彩色环氧磨耗层，应采用机械或人工清除原有彩色磨耗层，再重新施工；对于病害不太严重的彩色环氧磨耗层，也可直接加罩。具体流程如下：

作业区安全防护→路面清扫→喷涂底涂→刮涂环氧浆料→人工拉毛→盲道位置喷涂底涂→摆放模具、刮涂盲道→滚涂面涂界面剂。

## 施工作业中图片

图 4.3-32　路面清扫

图 4.3-33　喷涂底涂

图 4.3-34　刮涂环氧浆料

图 4.3-35　人工拉毛

图 4.3-36　盲道位置喷涂底涂

图 4.3-37　摆放模具、刮涂盲道

图 4.3-38　滚涂面涂界面剂

图 4.3-39　养护后开放交通

## 施工作业修复后效果

图 4.3-40　彩色环氧磨耗层修复后



### 技术要点

1. 水泥人行道无盲道，颜色单调，与周边环境不协调，可采用彩色环氧树脂将人行道喷涂或滚涂成彩色，改善行走环境。但彩色环氧使用一定年限后易出现不同程度的颜色变浅、龟裂、脱皮等病害。
2. 修复施工严禁在雨天进行，以免道路表面含有水分使涂层鼓起破坏。施工前应确保路面干燥且干净无污染，可先用高压空气冲洗道路表面的灰尘，再用吸尘器清理道路表面的秽土。
3. 对路面标识、井口、路缘石、绿化带等进行覆盖防护，防止被沾污或破坏。根据彩色路面范围及颜色区域划分界限，采用宽厚型胶带粘贴在界面线边缘进行分隔，必须保证胶带线型顺直。
4. 应按照规定的配比将彩色环氧混合料倒入搅拌器中，并确保搅拌均匀，搅拌时间为 1～2 分钟。在搅拌过程中，要特别注意避免出现死角，应将桶的上下、四周以及中心部分充分搅拌。同时，要注意避免胶料暴露在阳光下，应在阴凉处进行操作。
5. 将搅拌好的彩色环氧混合料均匀地倒在工作面上，并使用刮板将其刮平。需要注意的是，必须在材料可操作的时间内完成施工，一桶料尽量在 3～5 分钟内刮完。
6. 在彩色环氧混合料刮平后，应立即使用滚筒进行滚涂，以形成一定的构造深度，通常需要滚涂 2～3 遍。
7. 在滚涂完成后，必须在铺装层尚未固化前将胶带清除。等到铺装层完全固化后，方可开放交通。

# 4.4 侧平石损坏修复

## 施工作业前典型病害

图 4.4-1　侧平石破损

图 4.4-2　侧平石损坏倾斜

## 主要修补材料

预制侧石、水泥、黄沙、石子。

## 主要施工机械

空压机、运输车。

## 施工流程

作业区安全防护→空压机拆除旧侧石→修复基础→排砌新侧平石→坞塝和勾缝。

## 施工作业中图片

图 4.4-3　侧平石损坏打除

图 4.4-4　侧平石放样找平

图 4.4-5　排砌新侧石

图 4.4-6　排砌新平石

## 施工作业修复后效果

图 4.4-7　侧平石勾缝修复后

图 4.4-8　侧平石损坏修复后

### 技术要点

1. 侧石、平石稳定牢固，不得缺少。发生挤压变形、拱胀变形时应予以调整。调整后的侧石、平石接缝处砂浆应嵌缝密实，并及时勾缝。
2. 更换侧石、平石的材料及规格应与原路保持一致。
3. 平石与路面相接边线应平整，且不得低于雨水进水口，保持排水通畅，无积水现象。
4. 平石与侧石应错缝对中相接。

# 4.5 人工清理边沟

## 施工作业前典型病害

图 4.5-1 树枝堵塞边沟

## 主要修补材料

无。

## 主要施工机械

运输车。

## 施工流程

作业区安全防护→清理覆盖上层垃圾、杂草→清理两侧杂草→清理沟底淤泥。

## 施工作业中图片

图 4.5-2 人工清理树枝

图 4.5-3　人工清理边沟垃圾

图 4.5-4　边沟垃圾清运



## 施工作业修复后效果

图 4.5-5　人工清理边沟后

### 技术要点

1. 边沟中经常会堆积各种杂物，如树叶、石块、泥沙等，使用铁锹、扫帚等工具将杂物清理出来，确保排水沟畅通。
2. 在清理边沟时，同步检查排水渠道的状况。重点检查沟内是否存在堵塞、漏水、破损等问题，一旦发现，应及时采取修复措施。
3. 边沟沟底纵坡坡度不宜小于0.3%，条件受限时不应小于0.1%。在土质为细砂质土及粉砂土且纵坡坡度在1%～2%的情况下，或为粉砂黏土且纵坡坡度为3%～4%，或流量大时，应加固边沟。

## 4.6 边沟盖板破损维修

### 施工作业前典型病害

图 4.6-1　边沟盖板破损

### 主要修补材料

预制盖板。

### 主要施工机械

无。

### 施工流程

作业区安全防护→拆除破损盖板→清除沟底垃圾→修复边沟两侧→新装盖板。

### 施工作业中图片

图 4.6-2　拆除破损盖板

图 4.6-3　清理边沟垃圾

图 4.6-4　清理边沟淤泥

图 4.6-5　清理边沟盖板井框



## 施工作业修复后效果

图 4.6-6　边沟盖板破损修复后

**技术要点**

1. 应按规定对边沟进行巡查，确保设施完好，路基排水畅通。排水设施内的淤积物应及时清除，设施的破损应及时整修恢复。
2. 更换的盖板材料、规格应与原路保持一致。
3. 沟盖板修复后必须安装稳固，不得存在松动、异响等安全隐患，确保行人和车辆的安全通行。

# 4.7 挡土墙泄水孔疏通

## 施工作业前典型病害

图 4.7-1　挡土墙泄水孔植物根系堵塞

图 4.7-2　挡土墙泄水孔垃圾堵塞

## 主要修补材料

无。

## 主要施工机械

空压机。

## 施工流程

作业区安全防护→清理现场杂草→人工疏通泄水孔→清理泄水孔(用空压机)。

## 施工作业中图片

图 4.7-3　挡土墙泄水孔疏通

图 4.7-4　挡土墙泄水孔清管

## 施工作业修复后效果

图 4.7-5　挡土墙泄水孔疏通后



**技术要点**

1. 挡土墙的泄水孔应保持畅通。
2. 若有堵塞，应及时疏通；若无法疏通，应另行选择适当位置增设泄水孔，或在墙背后沿挡土墙增设墙后排水设施。通常可以增设盲沟将水流引至路基以外，以防止墙后积水引起土压力增加或冻胀。

# 4.8 挡土墙裂缝修补

## 施工作业前典型病害

图 4.8-1　挡土墙砌石损坏

图 4.8-2　挡土墙砌石缝损坏

## 主要修补材料

水泥、黄沙。

## 主要施工机械

运输车、空压机。

## 施工流程

作业区安全防护→人工清理缝隙→空压机清理缝隙→人工砂浆填补裂缝→勾缝抹面。

## 施工作业中图片

图 4.8-3　挡土墙砌块凿除

图 4.8-4　挡土墙砌块清缝

图 4.8-5　挡土墙砌块砂浆修补

图 4.8-6　挡土墙砌块勾缝

## 施工作业修复后效果

图 4.8-7 挡土墙裂缝修复后

**技术要点**

1. 在进行挡土墙裂缝修补前，首先需要对裂缝进行详细的调查和评估，确定裂缝的长度、宽度、深度以及裂缝的发展趋势。
2. 挡土墙的裂缝、断裂如已停止发展，应立即进行修理、加固。
3. 将裂缝缝隙凿毛，清除碎渣和杂物，确保裂缝内部干净。对于宽度较大的裂缝，需要使用密封材料进行封闭，以防止裂缝进一步扩大。
4. 修补完成后，应定期对挡土墙进行检查，及时发现并处理新的裂缝。

# 4.9 挡土墙抹面破损修复

## 施工作业前典型病害

图 4.9-1 挡土墙凸缝分化破损

## 主要修补材料

水泥、黄沙。

## 主要施工机械

运输车。

## 施工流程

作业区安全防护→清理现场杂草、树叶及泥垢→清理残旧抹面→抹面维修。

## 施工作业中图片

图 4.9-2 挡土墙凸缝破损凿除

图 4.9-3 挡土墙裂缝修补

图 4.9-4 挡土墙凸缝勾缝塑形

图 4.9-5 挡土墙凸缝塑形抛光

## 施工作业修复后效果

图 4.9-6　挡土墙抹面破损修复后



**技术要点**

1. 挡土墙表面出现风化剥落时，应将风化表层砸除，然后喷涂水泥砂浆保护层，以防止剥落情况恶化。
2. 当风化剥落严重时，应将风化部分拆除重砌。
3. 勾缝应整齐、密实、光滑，不得出现瞎缝、丢缝、裂纹和粘结不牢等现象。

# 5 沥青路面日常养护作业

## 5.1 裂缝修补

### 5.1.1 贴缝带处治裂缝

#### 施工作业前典型病害

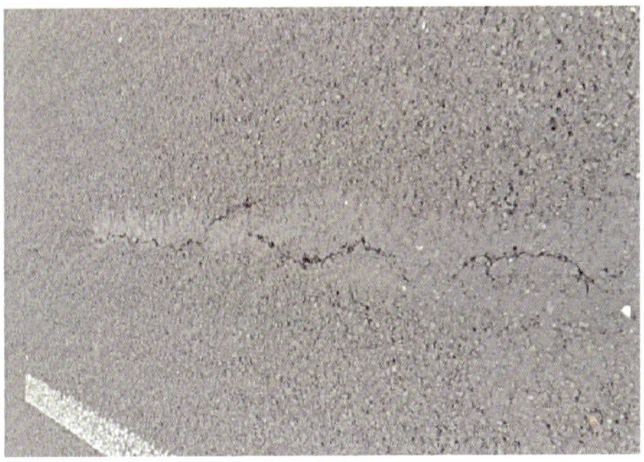

图 5.1-1　路面细裂缝病害

#### 主要修补材料

贴缝带。

#### 主要施工机械(工具)

贴缝机、铁滚、铲刀、扫帚。

#### 施工流程

作业区安全防护→裂缝处理→涂刷界面剂→铺设贴缝带→压实处理→养护与检查。

## 施工作业中图片

图 5.1-2 铺设贴缝带

## 施工作业修复后效果

图 5.1-3 贴缝带处治裂缝修复后

### 技术要点

1. 裂缝宽度在 5 mm 以下，可采用防裂贴进行封缝处理。
2. 贴缝前应将裂缝中及裂缝边缘的水、灰尘等杂物清除，保持作业面干燥清洁。
3. 铺设贴缝带时，应将成卷材料拉紧，铺设后的贴缝带应平整、不起皱、不翘边。
4. 如遇不规则的裂缝，可用剪刀将贴缝带剪断，按裂缝走向跟踪粘贴，在贴缝带接合处需进行重叠，重叠长度 20～30 mm。重叠层数不能超过 2 层。
5. 贴缝带施工应选择晴好天气，避免受潮或雨淋。

## 5.1.2 清缝灌缝

### 施工作业前典型病害

图 5.1-4 路面裂缝病害

### 主要修补材料

灌缝料、滑石粉等。

### 主要施工机械(工具)

沥青灌缝机、扫帚、鼓风机等。

### 施工流程

作业区安全防护→清理缝隙垃圾→清理坑槽→灌缝→撒滑石粉→开放交通。

### 施工作业中图片

图 5.1-5 作业区安全防护

图 5.1-6 灌缝 1

图 5.1-7　灌缝 2

图 5.1-8　撒滑石粉

## 施工作业修复后效果

图 5.1-9　灌缝修复后



### 技术要点

1. 在施工前，需要对裂缝进行彻底清理，确保裂缝内部无尘土、杂物、油污等，以免影响灌缝胶的粘结效果。
2. 灌缝前应检查枪头，保证出料饱满顺畅。灌缝时，灌缝枪应匀速移动，填缝料应灌至饱满状态，与路面齐平。灌缝应密实、边缘整齐、表面光洁。

## 5.1.3 开槽灌缝

### 施工作业前典型病害

图 5.1-10 路面裂缝病害

### 主要修补材料

灌缝料、滑石粉等。

### 主要施工机械(工具)

沥青灌缝机、扫帚、鼓风机、开槽机等。

### 施工流程

作业区安全防护→开槽→清理槽缝→灌缝→撒滑石粉→开放交通。

### 施工作业中图片

图 5.1-11 开槽

图 5.1-12 清理槽缝

图 5.1-13　灌缝

图 5.1-14　撒滑石粉

## 施工作业修复后效果

图 5.1-15　开槽灌缝修复后

### 技术要点

1. 开槽机开槽时应对准裂缝作业，开槽宽度一般不超过 30 mm，深度不超过 25 mm。
2. 在开槽后，使用高压气枪或吹风机等工具将槽内的尘土、杂物等清理干净，确保槽内无杂质，以免影响灌缝胶的粘结效果。如果槽内存在湿气或水分，应使用热空气或烘干设备将其烘干，以避免灌缝胶在潮湿环境下出现粘结不良或起泡等问题。
3. 灌缝前应检查枪头，保证出料饱满顺畅。灌缝时，灌缝枪应匀速移动，填缝料应灌至饱满状态，并与路面齐平。
4. 对于部分灌缝料，施工结束后应撒布矿粉、抗滑砂等，以防止粘轮。待灌封胶冷却至常温后即可开放交通。
5. 灌缝应密实、边缘整齐、表面光洁。

# 5.2 坑塘修补

## 5.2.1 热料修补坑塘

### 施工作业前典型病害

图 5.2-1　路面坑塘病害

### 主要修补材料

沥青混合料、裂缝贴、粘层油等。

### 主要施工机械(工具)

切割机、压路机、清扫车、卡车、风镐、铁锹、滚筒、扫帚等。

### 施工流程

作业区安全防护→切割路面→凿除路面→清理坑槽→槽底检查处理→涂刷粘层油→摊铺沥青混合料→压路机压实→开放交通。

## 施工作业中图片

图 5.2-2　切割路面

图 5.2-3　凿除路面

图 5.2-4　涂刷粘层油

图 5.2-5　摊铺沥青混合料



## 施工作业修复后效果

图 5.2-6　热料修补坑塘修复后

**技术要点**

1. 修补形状遵循“圆洞方补，斜洞正补”的原则，在表观确定的病害面积四周扩大 10～15 cm 的方槽，方槽边线应与路面中心平行或垂直。
2. 切缝时应注意走线顺直，切缝深度视路面厚度而定。
3. 槽面和槽壁应保持干净，无杂物和浮灰，无松动集料。槽底应无龟裂、唧泥和渗水现象。若出现潮湿，应烘干。
4. 应仔细检查槽底是否有裂缝。如有裂缝，应按裂缝维修要求处治并加贴裂缝贴。
5. 采用小型压路机碾压时，应遵循“先四边后中心”的原则。对新旧路面接缝处，应骑缝碾压。
6. 新修补路面应碾压密实，与原路面结合紧密，结合部不渗水，表面无泛油与离析现象。



## 5.2.2 冷料应急修补坑塘

### 施工作业前典型病害

图 5.2-7 路面坑塘病害

### 主要修补材料

沥青冷料、裂缝贴、粘层油等。

## 主要施工机械(工具)

切割机、压路机、卡车、风镐、铁锹、滚筒、扫帚等。

## 施工流程

作业区安全防护→切割路面→凿除路面→清理坑槽→涂刷粘层油→沥青填料→压实→开放交通。

## 施工作业中图片

图 5.2-8　切割路面

图 5.2-9　凿除路面

图 5.2-10　沥青填料

图 5.2-11　压实

## 施工作业修复后效果

图 5.2-12　冷料应急修补坑塘修复后

### 技术要点

1. 冷补沥青混合料是一种新材料,它不受季节和天气的影响,既可以用于沥青路面的保养维修,也可以用于混凝土路面的保养维修。适宜在热拌沥青材料不能正常采用的条件下使用,如冬季、雨天等特殊环境或紧急任务时。
2. 坑槽修补应遵循"圆洞方补、斜洞正补"的原则。首先,划出大致与路中心线(即行车方向)平行或垂直的开槽修补的轮廓线(正方形或长方形)。每边至少应外延至未破损路面 10～15 cm 处开挖坑槽。成型后的坑槽壁面应尽可能保持与路面垂直,且坑槽底部应平整、坚实。
3. 切缝时应注意走线顺直,切缝深度视路面厚度而定。
4. 槽面和槽壁应保持干净,无杂物和浮灰,无松动集料。槽底应无龟裂、唧泥和渗水现象。
5. 采用小型压路机碾压时,应遵循"先四边后中心"的原则。对新旧路面接缝处,应骑缝碾压。
6. 修补的路面应与原路面结合紧密,表面无明显离析。路面应修复平整,无凸起、凹陷,无积水现象。

# 5.3 路面严重松散处治

## 施工作业前典型病害

图 5.3-1　路面松散病害



## 主要修补材料

沥青混合料、裂缝贴、粘层油等。

## 主要施工机械(工具)

切割机、小型铣刨机、压路机、清扫车、卡车、风镐、铁锹、滚筒、扫帚等。

## 施工流程

作业区安全防护→切割路面→路面铣刨→清槽→槽底处理→涂刷粘层油→摊铺沥青→压实→开放交通。

## 施工作业中图片

图 5.3-2　路面铣刨

图 5.3-3　涂刷粘层油

图 5.3-4　摊铺沥青

图 5.3-5　压实

## 施工作业修复后效果

图 5.3-6　路面松散修复后

### 技术要点

1. 因低气温施工造成的沥青面层松散，可收集好松散料，待气温上升至不低于 10℃时，清扫干净，重做喷油封层，并用轻型压路机压实。在低温潮湿季节，可用乳化沥青碎石混合料修补。小面积麻面可用乳化沥青封层修补。大面积麻面维修应在气温不低于 10℃的情况下进行，路面清扫干净后，重做喷油封层，并用轻型压路机压实或采用预防性养护工艺进行处理。
2. 当路面松散严重时，可按照坑槽进行修补。
3. 因沥青温度过高、粘结料老化而造成的松散，应挖除重铺。
4. 因采用酸性石料导致与沥青粘附性差而造成的松散，应采用在沥青中掺加抗剥离剂、增粘剂，或用干燥的生石灰、消石灰、水泥掺入填料，或用石灰浆处理粗集料等抗剥离措施。

# 5.4 局部车辙病害修补

## 施工作业前典型病害

图 5.4-1 路面车辙病害



## 主要修补材料

沥青混合料、裂缝贴、粘层油等。

## 主要施工机械(工具)

切割机、小型铣刨机、压路机、清扫车、卡车、风镐、铁锹、滚筒、扫帚等。

## 施工流程

作业区安全防护→切割路面→路面铣刨→清槽→槽底检查处理→涂刷粘层油→摊铺沥青→压实→开放交通。

## 施工作业中图片

图 5.4-2 路面铣刨

图 5.4-3 摊铺沥青

图 5.4-4　整平

图 5.4-5　压实

## 施工作业修复后效果

图 5.4-6　车辙病害修补后

**技 术 要 点**

1. 局部车辙维修可将辙槽两侧凸出部分铣刨后，用新的沥青混合料填补并压实。
2. 周围接茬处应烙平密合、碾压密实，修补后的路面与原路面保持平整。

# 5.5 小范围局部沉陷修补

## 施工作业前典型病害

图 5.5-1　小范围局部沉陷



## 主要修补材料

沥青混合料、裂缝贴、粘层油等。

## 主要施工机械(工具)

切割机、小型铣刨机、压路机、清扫车、卡车、风镐、铁锹、滚筒、扫帚等。

## 施工流程

作业区安全防护→切割路面→路面铣刨→清槽→槽底处理→涂刷粘层油→摊铺沥青→压实→开放交通。

## 施工作业中图片

图 5.5-2　路面铣刨

图 5.5-3　清槽

图 5.5-4　摊铺沥青

图 5.5-5　压实

## 施工作业修复后效果

图 5.5-6　小范围局部沉陷修复后

### 技术要点

1. 路面出现深度不大于 2.5 cm 的局部沉陷，应在沉陷区域部分喷洒粘层油，填补沥青混合料，找平后压实。
2. 路面出现深度大于 2.5 cm 的较大面积沉陷，应先铣刨原路面至稳定结构层，按原路面结构重新填筑。
3. 因基层局部强度不足造成的路面沉陷，应铣刨或挖除沥青面层，处理好基层后，重铺沥青面层。

## 5.6 非机动车道彩色环氧磨耗层维修

### 施工作业前典型病害

图 5.6-1　非机动车道彩色环氧磨耗层磨损



### 主要修补材料

环氧底涂、环氧浆料、盲道模具、面涂界面剂。

### 主要施工机械

车辆、环氧搅拌机、喷涂机。

### 施工流程

路面清扫→喷涂底涂→刮涂环氧浆料→人工拉毛→滚涂面涂界面剂。

### 施工作业中图片

图 5.6-2　喷涂底涂

图 5.6-3　刮涂环氧浆料

图 5.6-4　滚涂面涂界面剂

图 5.6-5　清扫表面浮砂

## 施工作业修复后效果

图 5.6-6　非机动车道彩色环氧磨耗层修复后

### 技术要点

1. 彩色环氧磨耗层主要病害为颜色变淡、龟裂、脱皮等。有些道路非机动车道与机动车道界限不明显，非机动车行驶时有安全隐患，也可采用颜色鲜艳的彩色环氧磨耗层工艺对非机动车道进行改造。
2. 对于脱皮或龟裂严重的彩色环氧磨耗层，应采用机械或人工清除原有彩色磨耗层，再重新施工；对于病害不太严重的彩色环氧磨耗层，也可直接加罩。
3. 严禁在雨天进行施工，以免道路表面含有水分使涂层鼓起破坏。施工前应确保路面干燥且干净无任何污染物。可先用高压空气冲洗道路表面的灰尘，再用吸尘器清理道路表面的秽土，以防止污染。

4. 下层普通沥青混凝土应保证平整度;对于面层的裂缝,应先进行灌缝处理后再进行铺设;路面深坑或小洞应进行局部处理。
5. 对路面标识、井口、路缘石、绿化带等进行覆盖防护,防止被沾污或破坏。根据彩色路面范围及颜色区域划分界限,采用宽厚型胶带粘贴在界面线边缘进行分隔,必须保证胶带线型顺直。
6. 应按照规定的配比将彩色环氧混合料倒入搅拌器中,并搅拌均匀,搅拌时间为 1～2 分钟。在搅拌过程中,要特别注意避免出现死角,应将桶上下、四周以及中心部分充分搅拌。同时,要注意避免胶料暴露在阳光下,应在阴凉处进行操作。
7. 将搅拌好的彩色环氧混合料倒在工作面上,并采用刮板将混合料刮平。注意:必须在可操作时间内完成施工,一桶料尽量在 3～5 分钟内刮完。
8. 将彩色环氧混合料刮平后,立即用滚筒将其滚涂,以形成一定的构造深度,通常需滚涂 2～3 遍。
9. 在滚涂完成后,必须在铺装层尚未固化前将胶带清除。等到铺装层完全固化后方可开放交通。

# 6 水泥路面日常养护作业

## 6.1 水泥路面接缝修复

### 施工作业前典型病害

图 6.1-1 水泥路面接缝病害

### 主要修补材料

灌缝料、滑石粉等。

### 主要施工机械(工具)

沥青灌缝机、扫帚、鼓风机等。

### 施工流程

作业区安全防护→清理缝隙垃圾→吹净接缝→灌缝→撒滑石粉→开放交通。

## 施工作业中图片

图 6.1-2　清理缝隙垃圾

图 6.1-3　吹净接缝

图 6.1-4　灌缝

图 6.1-5　撒滑石粉



## 施工作业修复后效果

图 6.1-6　水泥路面接缝修复后

**技术要点**

1. 应及时清除嵌入接缝内的砂石及其他坚硬杂物，保证混凝土路面板块的正常伸缩。
2. 清缝、灌缝作业应使用专用机具，灌缝前应确保缝槽清洁、干燥。填缝料灌注厚度宜为3～4 cm。当缝深过大时，缝的下部可填2.5～3 cm高的多孔柔性垫底材料或泡沫塑料支撑条。
3. 填缝料灌注的高度在夏天宜与路面持平，冬天宜稍低于路面。

## 6.2 水泥路面轻微裂缝处治

### 施工作业前典型病害

图 6.2-1　水泥路面轻微裂缝病害

### 主要修补材料

灌缝料、滑石粉等。

### 主要施工机械(工具)

沥青灌缝机、扫帚、鼓风机等。

### 施工流程

作业区安全防护→清理缝隙垃圾→清理坑槽→灌缝→撒滑石粉→开放交通。

## 施工作业中图片

图 6.2-2　清扫处治区域

图 6.2-3　吹净裂缝尘土

图 6.2-4　灌缝

图 6.2-5　撒滑石粉



## 施工作业修复后效果

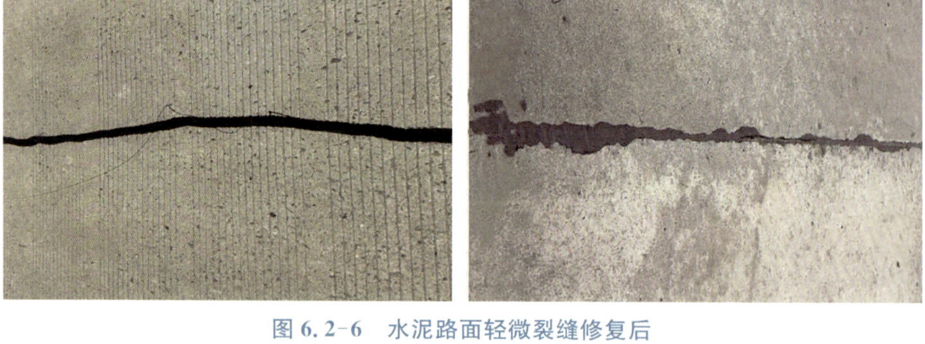

图 6.2-6　水泥路面轻微裂缝修复后

**技术要点**

1. 当裂缝宽度小于3 mm且边缘无碎裂现象时，宜直接灌注热沥青或填缝料等。
2. 当裂缝宽度不小于3 mm、无基层松动时，应先清除缝隙中的泥土、杂物，填入3～6 mm的清洁石屑，再灌入热沥青或填缝料。
3. 如基层出现明显松动，宜采用全深度补块中集料嵌锁法进行修补。

## 6.3 水泥路面板角断裂维修

### 施工作业前典型病害

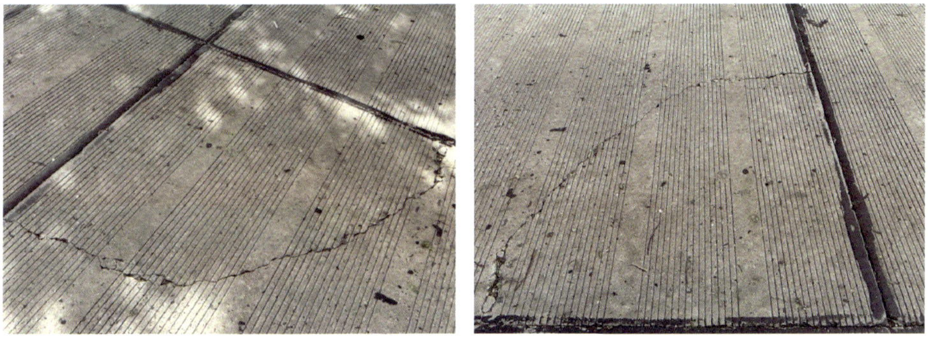

图6.3-1 水泥路面板角断裂病害

### 主要修补材料

快硬混凝土、水等。

### 主要施工机械(工具)

铲刀、切割机、挖掘机、卡车、风镐、振捣棒、铁锹、混凝土抹子、扫帚等。

### 施工流程

作业区安全防护→切割路面→凿除路面→清理坑槽→浇筑混凝土→混凝土振捣→混凝土抹面→混凝土养护→开放交通。

## 施工作业中图片

图 6.3-2　切割路面

图 6.3-3　凿除路面

图 6.3-4　浇筑混凝土

图 6.3-5　混凝土抹面

## 施工作业修复后效果

图 6.3-6　水泥路面板角断裂修复后

**技术要点**

1. 板角断裂应按破裂面的大小确定切割范围。
2. 使用切缝机进行切缝，风镐凿除破损部分，确保凿成规则的垂直面。
3. 将混凝土拌合物填入槽内，振捣至密实，并保持与原混凝土面板齐平。
4. 在整个养护期间必须保持修补混凝土表面始终处于湿润状态。

## 6.4 水泥路面坑洞处治

### 施工作业前典型病害

图 6.4-1　水泥路面坑洞病害

### 主要修补材料

快硬混凝土、水等。

### 主要施工机械(工具)

铲刀、切割机、挖掘机、卡车、风镐、振捣棒、铁锹、混凝土抹子、扫帚等。

### 施工流程

作业区安全防护→切割路面→凿除路面→清理坑槽→浇筑混凝上→混凝土振捣→混凝土抹面→混凝土养护→开放交通。

## 施工作业中图片

图 6.4-2　切割路面

图 6.4-3　凿除路面

图 6.4-4　浇筑混凝土

图 6.4-5　混凝土抹面



## 施工作业修复后效果

图 6.4-6　水泥路面坑洞修复后

**技术要点**

1. 对于深度小于3 cm的个别坑洞，应先清除洞内的杂物，然后凿除修复区内的混凝土，确保深度不小于5 cm。清除杂物和混凝土碎屑后，用水泥砂浆或细石混凝土填实，保持表面平整。
2. 切割修补区时，切割线应与路面中心线平行或垂直；切割深度应在6 cm以上，但不应超过1/3板厚，同时需要将切割面凿毛。

## 6.5 水泥路面拱起维修

### 施工作业前典型病害

图6.5-1 水泥路面拱起病害

### 主要修补材料

水泥混凝土。

### 主要施工机械(工具)

挖掘机、空气压缩机、压路机、蛙式打夯机、平板振动机、插入式振捣机、混凝土振动梁、混凝土抹面机、混凝土切缝机、刻纹机、洒水车。

### 施工流程

道路切割→拆除旧路→路基平整压实→碎石垫层→高度控制→立模→

混凝土摊铺→振实→抹面→切缝→拆模→养护→刻纹→填缝→路肩填筑。

## 施工作业中图片

图 6.5-2 切割拆除

图 6.5-3 翻挖

图 6.5-4 浇筑混凝土

图 6.5-5 路面养护

## 施工作业修复后效果

图 6.5-6 水泥路面拱起修复后

## 技术要点

1. 板端拱起但路面完好时，应先切开拱起端，将板块恢复原位，然后在缝隙和其他接缝内进行清缝，并灌填缝料，填缝料应密实、饱满。根据板块拱起的高低程度，计算出要切除部分板块的长度。将拱起板块的两侧横缝切宽，待应力充分释放后，再切除拱起端。板块恢复原位后，在缝隙和其他接缝内进行清缝，并灌填缝料。
2. 板端发生破损或断裂时，应先切割、凿除断裂或损坏部分，然后用水泥混凝土或冷补料等材料修补，确保与原路面保持平整。
3. 板因拱起而发生断裂或损坏时，应采取应急措施，切割、凿除断裂或损坏部分，宜用沥青混凝土临时修补，然后采用部分或全部凿除后修补。
4. 因硬物夹入而发生的板两端拱起，应将硬物清除，使之恢复原位，清理接缝内杂物和灰尘，然后灌填缝料。
5. 胀缝间因传力杆部分或全部在施工中设置不当，使板受热时不能自由伸张而发生的拱起，应重新设置胀缝。

# 7 桥涵日常养护作业

## 7.1 涵洞清理疏通

### 施工作业前典型病害

图 7.1-1　涵洞堵塞

### 主要修补材料

无。

### 主要施工机械(工具)

高压冲洗(疏通)车、网兜、铁锹、铲刀、吹风机、扫帚等。

### 施工流程

作业区安全防护 → 清理水中垃圾、漂浮物 → 清理表面附着物、植物根茎、淤泥 → 开放交通。

## 施工作业中图片

图 7.1-2　作业区安全防护

图 7.1-3　清理水中垃圾

图 7.1-4　高压冲洗车准备

图 7.1-5　清理表面附着物、植物根茎、淤泥



## 施工作业修复后效果

图 7.1-6　涵洞清理完成后

**技术要点**

1. 应确保涵洞排水顺畅、排放适当。
2. 应保持洞口清洁、无杂物，洞内排水畅通；发现淤塞或积雪、积冰，应及时疏通和清除。

## 7.2 伸缩缝清理

### 施工作业前典型病害

图 7.2-1　伸缩缝堵塞



### 主要修补材料

无。

### 主要施工机械(工具)

圆头钩具、吹风机、扫帚、刷子等。

### 施工流程

作业区安全防护→清理缝内垃圾→扫帚、吹风机清扫→开放交通。

## 施工作业中图片

图 7.2-2　作业区安全防护

图 7.2-3　圆头钩具清理缝内垃圾

图 7.2-4　吹风机清扫 1

图 7.2-5　吹风机清扫 2

图 7.2-6　毛刷细节处清扫

图 7.2-7　扫帚清扫剩余垃圾

## 施工作业修复后效果

图 7.2-8　伸缩缝清理后

**技术要点**

1. 伸缩装置应平整、直顺、无漏水，处于良好的工作状态。
2. 应经常清除伸缩装置的缝内积土、垃圾等杂物，使其发挥正常作用。

# 7.3 桥梁排水系统疏通

## 施工作业前典型病害

图 7.3-1　桥梁排水系统堵塞

## 主要修补材料

无。

## 主要施工机械(工具)

高压冲水(疏通)设备、铁锹、铁铲、吹风机、扫帚、自制长杆疏通工具等。

## 施工流程

清理进水口及雨水管:作业区安全防护 → 打开盖口 → 清理进水口内垃圾 → 疏通雨水管 → 安放盖口。

清理过水口:作业区安全防护 → 清理过水口 → 清理过水口附近垃圾。

## 施工作业中图片

图 7.3-2　打开盖口

图 7.3-3　铲除进水口内垃圾

图 7.3-4　清理进水口内垃圾

图 7.3-5　疏通雨水管

## 施工作业修复后效果

图 7.3-6　疏通完成后

**技 术 要 点**

1. 排水系统应满足排水需要，保持完好和畅通。
2. 用工具对堵塞的泄水口进行疏通，确保排水系统的完好畅通。
3. 维修或更换损坏的排水孔、泄水管、引水管等排水设施。

# 7.4 桥面排水雨水箅子更换



## 施工作业前典型病害

图 7.4-1　雨水箅子损坏

## 主要修补材料

雨水箅子(井盖)、环氧砂浆。

## 主要施工机械(工具)

铁锹、扫帚、吹风机、泥刀等,特殊情况下还需使用发电机、切割机、电锤、电镐等。

## 施工流程

作业区安全防护→移除旧雨水箅子→清理垃圾→安装新雨水箅子→维修周围破损混凝土→养生。

## 施工作业中图片

图 7.4-2 移除旧雨水箅子

图 7.4-3 铲除垃圾

图 7.4-4 吹净灰土杂物

图 7.4-5 安装新雨水箅子

图 7.4-6　新雨水箅子安放平稳

图 7.4-7　维修周围破损混凝土

## 施工作业修复后效果

图 7.4-8　雨水箅子更换后

7

### 技术要点

1. 应保持雨水箅子完好、功能正常。有损坏时,应及时维修或更换。
2. 雨水箅子安装后应稳固、平顺。

# 7.5 桥梁护栏涂装

## 施工作业前典型病害

图 7.5-1　混凝土护墩斑驳

图 7.5-2　栏杆油漆破损

## 主要修补材料

混凝土涂料(底漆、面漆)、金属油漆(底漆、中间漆、面漆)。

## 主要施工机械(工具)

砂纸、电动打磨机、钢丝刷、清洗剂、铲刀、吹风机、滚筒刷、喷枪及配套设备(如采用喷漆)等。

## 施工流程

混凝土护栏:铲除原涂装 → 混凝土表面处理 → 底漆 → 面漆 → 检查验收。

金属栏杆:原有涂层处理 → 表面处理、除锈、清洁 → 底漆 → 中间漆 → 面漆 → 检查验收。

复合式栏杆:铲除原涂装 → 表面处理、除锈、清洁 → 金属扶手刷漆(详见金属栏杆涂刷流程) → 混凝土涂装(详见混凝土护栏流程) → 检查验收。

## 施工作业中图片

### 混凝土护栏涂装施工作业

图 7.5-3　作业区安全防护

图 7.5-4　铲除原涂装

图 7.5-5　混凝土表面处理(打磨)

图 7.5-6　混凝土表面处理(吹净)

图 7.5-7　混凝土表面处理完毕

图 7.5-8　底漆涂刷

图 7.5-9　面漆涂刷

图 7.5-10　涂刷完成

## 金属栏杆涂装施工作业

图 7.5-11　铲除原涂装

图 7.5-12　表面处理、除锈、清洁

图 7.5-13　涂刷底漆

图 7.5-14　涂刷面漆

## 施工作业修复后效果

图 7.5-15　护栏涂装修复后

**技 术 要 点**

1. 栏杆、护栏各构件等应牢固并保持完好状态。
2. 钢护栏及钢筋混凝土护栏上的外露钢构件应根据环境条件定期涂装。护栏有混凝土构件和钢构件需要涂刷时，应先涂刷钢构件再涂刷混凝土构件。
3. 两端的栏杆柱或防撞墙端面，涂有立面标记或警示标志的，应保持标记、标志鲜明。
4. 应使用砂纸或打磨机对金属栏杆生锈部位进行打磨除锈。
5. 涂层厚度应符合设计要求，涂层表面外观、色泽应均匀一致，不允许有漏涂、起皮、鼓包、大熔滴、松散粒子、裂纹、气孔、返锈和掉块等缺陷。
6. 对于复合式栏杆，应先进行钢护栏的涂装，再进行钢筋混凝土护栏的涂装。

# 7.6 桥梁伸缩缝橡胶止水带更换

## 施工作业前典型病害

图 7.6-1　伸缩缝橡胶止水带破损

## 主要修补材料

橡胶止水带。

## 主要施工机械(工具)

美工刀、电动鹰钩嘴(电锤换头)、铁钩、止水带嵌入工具、扫帚、吹风机。

## 施工流程

调查止水带破损 → 安全围护 → 清理伸缩缝 → 切割抽除原橡胶止水带 → 清理型钢残留杂物及卡槽堆积物 → 卡槽涂抹润滑油,新橡胶止水带预摆 → 橡胶止水带安装 → 现场清理。



## 施工作业中图片

图 7.6-2　安全围护

图 7.6-3　清理伸缩缝

图 7.6-4　切割抽除原橡胶止水带

图 7.6-5　清理型钢残留杂物

图 7.6-6　清理型钢卡槽堆积物

图 7.6-7　卡槽涂抹润滑油，新橡胶止水带预摆

图 7.6-8　安装橡胶止水带

图 7.6-9　现场清理



## 施工作业修复后效果

图 7.6-10　伸缩缝橡胶止水带更换后

技术要点

1. 伸缩装置的密封橡胶带（止水带）损坏后，应及时更换。
2. 使用切割机将止水带割断，注意不要损坏桥梁结构和其他设备。
3. 密封橡胶带的选择，应满足其规格和性能要求。应重点检查止水带的安装位置、固定方式、连接处等是否符合要求。

## 7.7 桥梁伸缩缝锚固端混凝土保护带修补

### 施工作业前典型病害

图 7.7-1 伸缩缝锚固端混凝土保护带破损

### 主要修补材料

快硬混凝土、钢筋。

### 主要施工机械（工具）

发电机、切割机、电镐、吹风机、焊接设备、移动式混凝土搅拌机、振捣棒等。

### 施工流程

作业区安全防护 → 切割并凿除保护带混凝土 → 槽内清理 → 钢筋修整 → 混凝土浇筑 → 养生 → 开放交通。

## 施工作业中图片

图 7.7-2　作业区安全防护

图 7.7-3　放样

图 7.7-4　切割保护带混凝土

图 7.7-5　凿除保护带混凝土

图 7.7-6　槽内清理

图 7.7-7　钢筋修整

图 7.7-8　混凝土浇筑 1

图 7.7-9　混凝土浇筑 2

图 7.7-10　养生 1

图 7.7-11　养生 2

## 施工作业修复后效果

图 7.7-12　伸缩缝锚固端混凝土保护带修复后



### 技术要点

1. 伸缩装置锚固区混凝土应完好。若有开裂、松散，应及时修复。
2. 凿除破损混凝土时防止对原钢筋造成损伤。
3. 根据修补材料的说明书要求，进行必要的养护工作，以确保修补材料能够正常硬化并达到规定的强度。

# 7.8 桥梁伸缩缝损坏维修

## 7.8.1 桥梁型钢伸缩缝损坏维修

### 施工作业前典型病害

图 7.8-1 型钢断裂、变形

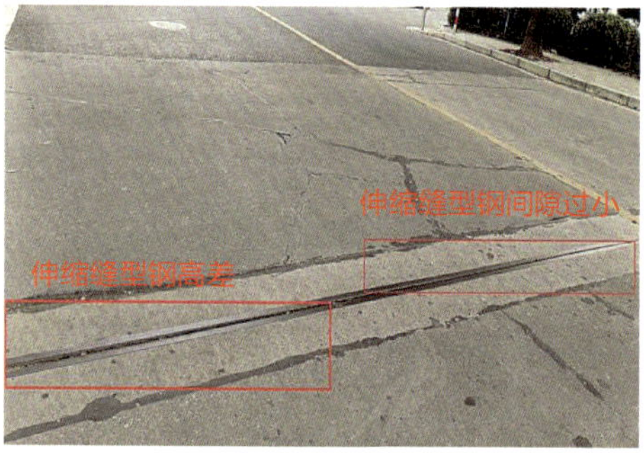


图 7.8-2 型钢高差及间隙过小

### 主要修补材料

型钢伸缩装置、混凝土、钢筋、橡胶止水带、植筋胶等。

### 主要施工机械(工具)

发电机、电镐、空压机、风镐、电锤、路面切割机、钢筋切割机、角磨机、电焊设备、吹(吸)尘设备、卡车等。

### 施工流程

作业区安全防护 →测量放样 → 开槽、清理缝区 → 修正、补植预埋钢筋 → 型钢定位 → 钢筋焊接 → 浇筑保护带混凝土 → 混凝土养生 → 止水带安装。

### 施工作业中图片

施工作业图片说明：因现场实际情况，以下施工图片中采取的是先定位型钢再进行植筋的工序。

图 7.8-3　切割

图 7.8-4　凿除

图 7.8-5　清理缝区

图 7.8-6　型钢预摆、定位

图 7.8-7　修正、补植预埋钢筋(钻孔)

图 7.8-8　修正、补植预埋钢筋(清孔)

图 7.8-9　植筋胶注射

图 7.8-10　植筋

图 7.8-11　钢筋焊接

图 7.8-12　钢筋焊接完成

图 7.8-13　浇筑保护带混凝土

图 7.8-14　混凝土抹面收光

图 7.8-15　混凝土养生

图 7.8-16　止水带安装

## 施工作业修复后效果

图 7.8-17　型钢伸缩缝修复后

**技术要点**

1. 若伸缩装置的弹性元件或其他连接构件出现疲劳或失效,应及时更换。
2. 伸缩装置的钢板若出现变形、翘曲或脱落,应及时更换。
3. 伸缩缝的规格和性能应符合现行行业标准《公路桥梁伸缩装置通用技术条件》JT/T 327 的相关规定和设计要求。
4. 伸缩装置应锚固牢靠且伸缩性能有效。
5. 伸缩装置边缘应整齐、顺直。

## 7.8.2 桥梁梳齿板伸缩缝损坏维修

### 施工作业前典型病害

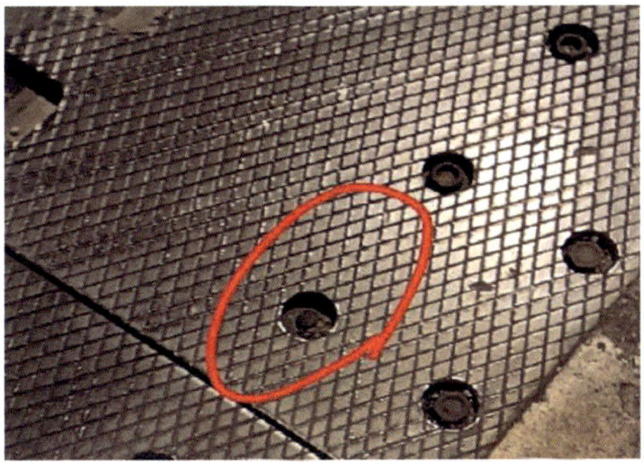

图 7.8-18　螺帽缺失

图 7.8-19　过渡段混凝土破损

### 主要修补材料

快硬钢纤维混凝土、钢筋、钢纤维、焊材、植筋胶。

### 主要施工机械(工具)

发电机、空压机、切割机、电锤、电焊机、配电箱、振捣棒。

### 施工流程

螺栓、齿板拆除→过渡段及基础混凝土凿除→钻孔植筋→焊接螺栓并安装钢筋网→浇筑基层混凝土→浇筑过渡段混凝土→安装止水带→ 安装螺栓。

## 施工作业中图片

图 7.8-20　齿板拆除

图 7.8-21　混凝土凿除

图 7.8-22　钢筋布置

图 7.8-23　浇筑混凝土



## 施工作业修复后效果

图 7.8-24　梳齿板伸缩缝修复后

### 技术要点

1. 若伸缩装置的弹性元件或其他连接构件发生疲劳或失效，应及时更换。
2. 若伸缩装置的钢板发生变形、翘曲或脱落，应及时更换。
3. 若伸缩装置的钢板开焊，应及时补焊；若螺栓松动、脱落，应及时维修。
4. 伸缩装置应锚固牢靠且伸缩性能有效。
5. 伸缩装置边缘应整齐、顺直。

## 7.9 混凝土构件表面缺损、露筋修补

### 施工作业前典型病害

图 7.9-1　混凝土构件表面缺损、露筋

### 主要修补材料

缺损面积小：聚合物砂浆、改性环氧砂浆等。

缺损面积大：普通混凝土、环氧混凝土等。

### 主要施工机械(工具)

锤子、角磨机、钢丝刷、喷雾器、毛刷、砂浆搅拌器、泥刀。

## 施工流程

混凝土表面处理(凿除疏松混凝土等) → 外露钢筋除锈、防腐 → 涂刷界面剂 → 缺陷修补 → 养生。

## 施工作业中图片

图 7.9-2　凿除疏松混凝土

图 7.9-3　外露钢筋打磨除锈 1

图 7.9-4　外露钢筋打磨除锈 2

图 7.9-5　外露钢筋防腐处理

图 7.9-6　缺陷修补

图 7.9-7　养生

## 施工作业修复后效果

图 7.9-8　混凝土构件修补后

### 技术要点

1. 应保持结构完好、无缺损。
2. 表面出现混凝土剥落、蜂窝麻面、露筋及钢筋锈蚀等损坏时，应及时进行钢筋除锈和混凝土修补处理。
3. 发现锈蚀钢筋时，应破开至钢筋未锈蚀位置，对全部锈蚀钢筋进行处理。
4. 修补混凝土颜色尽量与原结构保持一致。
5. 混凝土修补宜采用比原混凝土强度高一等级的细石混凝土，技术指标不能低于原混凝土强度。若缺陷面积较大，应立上模板。
6. 小面积缺陷可采用水泥砂浆修补法。修补前应对缺陷部分进行凿除，并对混凝土需修补的部位进行凿毛处理。混凝土表面应保持湿润和清洁。
7. 当露筋较深时，应将薄弱混凝土和凸出的颗粒凿去，洗刷干净后用比原来高一等级的细石混凝土填塞压实，并认真养护。

# 7.10 混凝土裂缝维修

## 7.10.1 封闭法维修

### 施工作业前典型病害

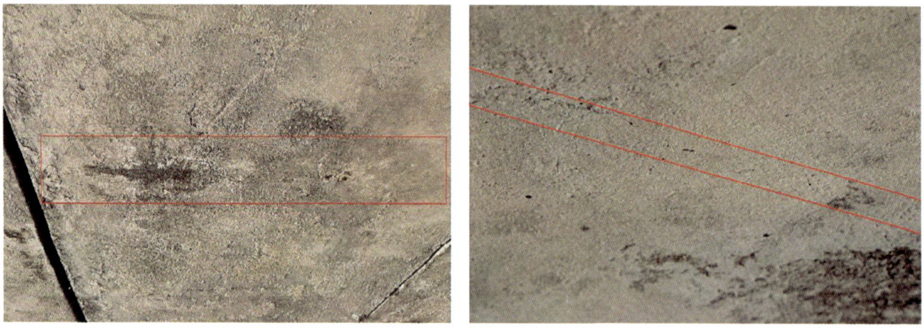

图 7.10-1 混凝土裂缝

### 主要修补材料

环氧树脂、水玻璃、环氧砂浆、水泥基渗透结晶型防水涂料等。

### 主要施工机械(工具)

裂缝检测仪、角磨机、吹风机、清洗剂、泥刀、毛刷等。

### 施工流程

一般裂缝封闭法(环氧树脂、环氧砂浆等):判断裂缝类型、选择封缝胶 → 裂缝清理(受力裂缝应开槽) → 裂缝封闭。

水泥基渗透结晶型防水涂料封闭裂缝:基层处理(打磨、清洁、湿润) → 涂刷水泥基渗透结晶型防水涂料(2 遍以上) → 洒水养生。

## 施工作业中图片

图 7.10-2　判断裂缝

图 7.10-3　基层处理(打磨)

图 7.10-4　基层处理(清洁 1)

图 7.10-5　基层处理(清洁 2)

图 7.10-6　基层处理(边缘破损修补)

图 7.10-7　封闭裂缝涂第 1 遍环氧树脂

图 7.10-8　封闭裂缝涂第 2～3 遍环氧树脂

图 7.10-9　封闭完成

## 施工作业修复后效果

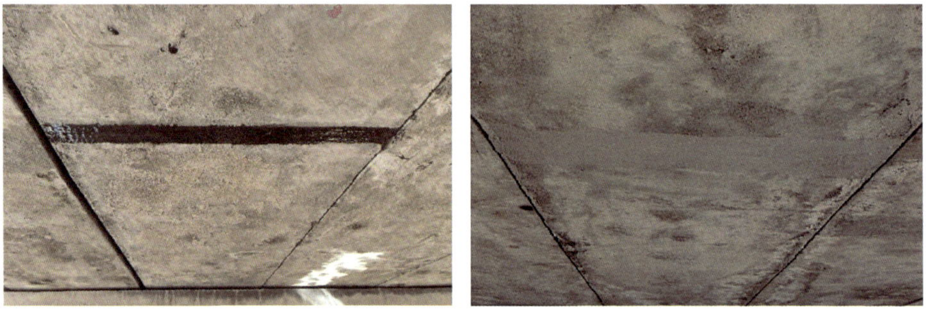

图 7.10-10　混凝土裂缝封闭法维修后效果

**技术要点**

1. 桥梁混凝土裂缝一般分为结构性裂缝和非结构性裂缝。在处理混凝土构件裂缝时，应首先分析裂缝的成因。对于结构性裂缝，应经过计算分析来确定结构加固方案。
2. 如果裂缝区的钢筋出现锈蚀，应先对钢筋进行除锈，然后再进行裂缝修补。
3. 表面封闭修补法适用于非结构性裂缝和一些稳定的细微裂缝，通常用于裂缝宽度小于 0.15 mm 的情况。
4. 裂缝封闭应完整、密实、饱满。
5. 裂缝封闭后，混凝土表面应平整、洁净、颜色基本一致。



## 7.10.2　灌浆法维修

## 施工作业前典型病害

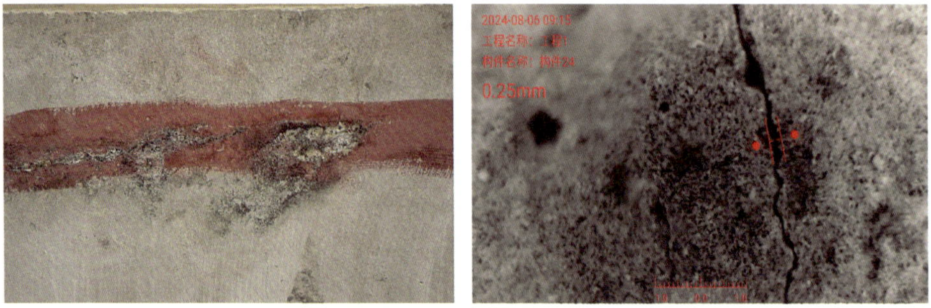


图 7.10-11　混凝土裂缝

## 主要修补材料

AB组分封闭胶、AB组分环氧胶、清洗剂等。

## 主要施工机械(工具)

灌浆法(高压灌浆):高压灌浆机、灌浆嘴、发电机、角磨机、清孔设备、毛刷等。

灌浆法(低压自动灌注):低压自动注胶器、底座、角磨机、毛刷等。

## 施工流程

灌浆法(高压灌浆):基面处理 → 钻孔 → 清孔、清缝 → 安装灌浆嘴、封缝胶封缝 → 压气试验 → 配料、灌浆 → 拆嘴封孔 → 修饰表面 → 检查验收。

灌浆法(低压自动灌注):基面处理 → 封缝胶封缝及安设底座 → 配料、安装灌浆(注射)器 → 注胶 → 拆卸灌浆器 → 拆除底座、堵孔 → 修饰表面→ 检查验收。

## 施工作业中图片

### 灌浆法(高压灌浆)施工作业

图 7.10-12　基面处理

图 7.10-13　钻孔

图 7.10-14　安装灌浆嘴

图 7.10-15　封缝胶封缝

图 7.10-16　配料、灌浆

图 7.10-17　拆除注浆嘴

图 7.10-18　封孔

图 7.10-19　修饰表面

## 灌浆法(低压自动灌注)施工作业

图 7.10-20　基面处理(打磨)

图 7.10-21　基面处理(清洁)

图 7.10-22　封缝胶封缝及安设底座

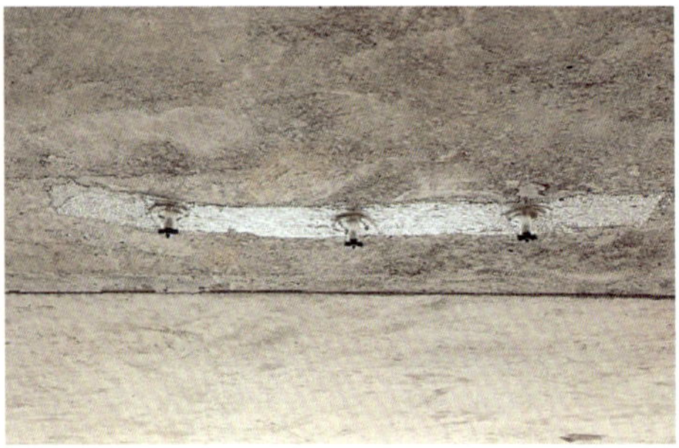

图 7.10-23　底座安设完成

图 7.10-24　安装灌浆(注射)器

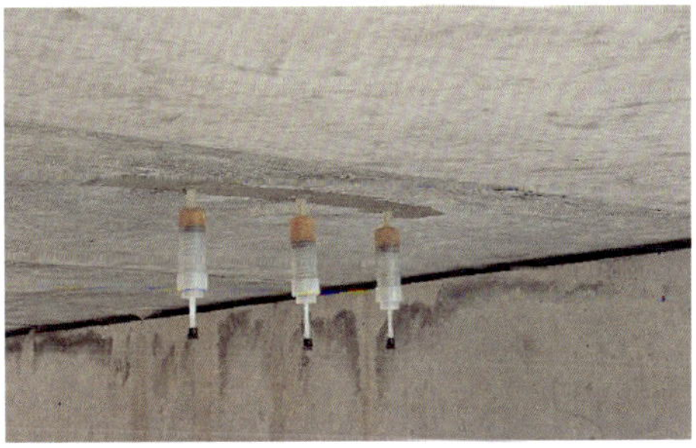

图 7.10-25　注胶

图 7.10-26　低压注胶

图 7.10-27　拆除底座

图 7.10-28　堵孔

图 7.10-29　修饰表面

## 施工作业修复后效果

图 7.10-30　混凝土裂缝灌浆法维修后

**技术要点**

1. 桥梁混凝土裂缝一般分为结构性裂缝和非结构性裂缝。在处理混凝土构件裂缝时，应首先分析裂缝的成因。对于结构性裂缝，应经过计算分析来确定结构加固方案。
2. 如果裂缝区的钢筋出现锈蚀，应先对钢筋进行除锈，然后再进行裂缝修补。
3. 灌浆法通过施加一定的压力，在结构内部的裂缝中灌入浆液，以封闭裂缝，恢复并提高其强度、刚度、耐久性。低压自动灌注法适用于数量较多、宽度在0.1～1.5 mm间的裂缝处理。高压灌注法适用于较深、宽度大于或等于0.15 mm的裂缝处理。
4. 采用灌浆法修补时，应在裂缝交叉点、端部及宽度较大处设灌浆嘴。
5. 压力灌缝前应做试漏试验，压力应符合实际要求。
4. 对于竖向裂缝或斜向裂缝，应按由下往上的顺序，逐个灌浆嘴进行灌注。对于水平裂缝，应从一端到另一端逐个灌浆嘴进行灌注。施工中可根据工程实际情况调整灌浆压力。
5. 灌浆结束后，应立即对裂缝沿线及灌浆嘴进行外观检查，确保表面洁净平整，无鼓包、漏孔。若有不密实等异常情况，应进行补注。
6. 裂缝封闭应完整、密实、饱满。
7. 裂缝封闭后，混凝土表面应平整、洁净、颜色基本一致。

## 7.11 支座保养

### 施工作业前典型病害

图 7.11-1　支座病害

## 主要修补材料

防腐漆(与原支座防腐漆相同)、润滑油。

## 主要施工机械(工具)

高空作业车/升降车、移动式脚手架、滚筒刷、毛刷、抹布、吹(吸)尘设备。

## 施工流程

作业区安全防护 →检查支座状况 →吹扫尘土、清洁表面 →对支座金属结构进行除锈并刷新防腐漆 → 如有需要添加润滑油(根据具体支座类型决定) → 支座周边混凝土缺损修补(如支座垫石等)。

## 施工作业中图片

图 7.11-2　检查支座状况

图 7.11-3　吹扫尘土

图 7.11-4　清洁支座表面

图 7.11-5　支座金属结构除锈并刷新防腐漆

## 施工作业修复后效果

图 7.11-6　支座保养后

**技术要点**

1. 应保持支座各组件完整、清洁、有效，防止积水、积雪和结冰，并及时清除支座周围的垃圾，以确保支座正常工作。
2. 滚动支座滚动面上每年应涂一层润滑油。在涂油之前，应先清洁滚动面。
3. 钢支座应除锈防腐。除铰轴和滚动面外，其余部分均应涂漆防锈。
4. 支座的锚栓应连接紧固，支承垫板应平整紧密。
5. 养护维修时，应防止橡胶支座与油脂接触，焊接时应对支座进行保护。
6. 当板式橡胶支座出现局部脱空、偏压时，应及时处理。对于垫石破损等病害，也应予以处治。
7. 对于脏污频率高的支座，可安装防尘罩进行防护。

# 7.12 墩台表面清理（杂草、杂物）

## 施工作业前典型病害

图 7.12-1　墩台表面杂草、杂物

## 主要修补材料

无。

## 主要施工机械(工具)

铲刀、刮刀、毛刷、砂纸、吹风机、高压水枪等。

## 施工流程

作业区安全防护 →清除杂草及其他杂物 → 刮除表面附着物并打磨 → 吹净表面尘土 → 高压水枪冲洗 → 清理完成。

## 施工作业中图片

图 7.12-2　清除杂草

图 7.12-3　刮除表面附着物

图 7.12-4　打磨桥台表面

图 7.12-5　吹净表面尘土

图 7.12-6　高压水枪冲洗

图 7.12-7　清理完成

## 施工作业修复后效果

图 7.12-8　墩台表面清理后



**技术要点**

1. 应保持墩台表面清洁，及时清除墩台表面的青苔、杂草、灌木和污物。桥台顶面、背墙、盖梁顶部等位置的杂物可参照此操作标准进行处理。
2. 混凝土墩台表面存在侵蚀剥落、蜂窝、麻面、露筋及钢筋锈蚀等缺陷时，应及时修复。

# 7.13 砌石护坡修补

## 施工作业前典型病害

图 7.13-1　砌石护坡破损

## 主要修补材料

块石、水泥砂浆等。

## 主要施工机械(工具)

切割机、空压机、发电机、电锤、毛刷、泥刀、扫帚等。

## 施工流程

作业区安全防护 → 测量放线 → 坡面修整 → 砌筑 → 浆砌片石勾缝 → 砌体养护。

## 施工作业中图片

图 7.13-2　清理

图 7.13-3　坡面修整

图 7.13-4　砌筑

图 7.13-5　勾缝

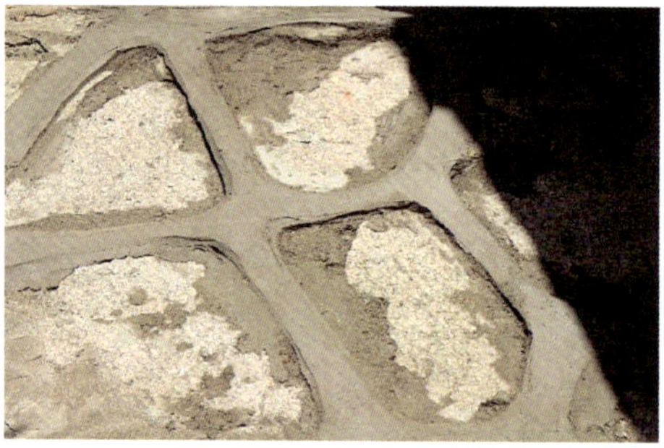

图 7.13-6　养生

## 施工作业修复后效果

图 7.13-7　砌石护坡修复后

### 技术要点

1. 锥坡应保持完好。锥坡开裂、沉陷或受洪水冲空时，应及时维修加固。
2. 若砌体的砌缝出现脱落，应重新进行勾缝处理。

# 8 附属设施日常养护作业

## 8.1 标线补划

### 8.1.1 热熔漆标线补划

**施工作业前典型病害**

图 8.1-1　人行横道标线磨损缺失

**主要修补材料**

下涂剂、玻璃珠、反光热熔型涂料。

**主要施工机械(工具)**

高压水清除设备、下涂剂喷涂机、双缸液压热熔釜、热熔手推划线车、斑马线划线车、逆反射系数测量仪、电脑涂层测厚仪。

**施工流程**

作业区安全防护→清扫路面→弹线放样→下涂剂喷涂→热熔釜熔融涂

料→标线涂敷→撒布玻璃珠→标线质量检查→开放交通。

## 施工作业中图片

图 8.1-2　标线作业安全围挡

图 8.1-3　高压水清除旧标线

图 8.1-4　标线漆划作业

## 施工作业修复后效果

图 8.1-5　缺失标线补划完成后

图 8.1-6　转向标线漆划完成后

**技术要点**

1. 标线出现局部脱落时应及时补划，出现大面积脱落或明显变色时应及时重划。补划和重划前应彻底清洁路面，清除原路面标线，并保持路面干燥且无起灰现象。
2. 补划或重划的标线应与原标线的位置和尺寸保持一致。
3. 局部补划的路面标线材料应与原路面标线材料相同，重划路面标线材料宜与原路面标线材料性质相同。
4. 纵向连续划设标线应无阻水现象。
5. 反光路面标线应具有良好的夜间视认性。
6. 反光标线玻璃珠应附着牢固、反光均匀。

### 8.1.2 双组分标线补划

#### 施工作业前典型病害

图 8.1-7 人行横道标线磨损淡化

图 8.1-8 人行横道标线涂料脱落



#### 主要修补材料

下涂剂、玻璃珠、双组分涂料。

#### 主要施工机械(工具)

高压水清除设备、下涂剂喷涂机、双组分专用内混设备、双组分涂料喷涂设备、双组分涂料甩涂设备、逆反射系数测量仪、电脑涂层测厚仪。

## 施工流程

作业区安全防护→清扫路面→弹线放样→下涂剂喷涂→双组分涂料内混→标线涂敷→撒布玻璃珠→标线质量检查→开放交通。

## 施工作业中图片

图 8.1-9 人行横道标线漆划施工

## 施工作业修复后效果

图 8.1-10 人行横道标线漆划完成后

**技术要点**

1. 标线出现局部脱落时应及时补划，出现大面积脱落或明显变色时应及时重划。补划和重划前应彻底清洁路面，清除原路面标线，并保持路面干燥且无起灰现象。
2. 补划或重划的标线应与原标线的位置和尺寸保持一致。
3. 局部补划的路面标线材料应与原路面标线材料相同，重划路面标线材料宜与原路面标线材料性质相同。
4. 纵向连续划设标线应无阻水现象。
5. 反光路面标线应具有良好的夜间视认性，双组分反光路面标线应具有良好的雨夜视认性。
6. 反光标线玻璃珠应附着牢固、反光均匀。

## 8.2 变形、损坏标志牌修复更换

### 施工作业前典型病害

图 8.2-1　指路标志反光膜脱落

图 8.2-2　禁令标志变形损坏

### 主要修补材料

全能夹、不锈钢扎带。

## 主要施工机械(工具)

登高车、紧固器、发电机。

## 施工流程

作业区安全防护→拆除损坏标志→安装新标志牌→校正标志→标志质量检查→开放交通。

## 施工作业中图片

图 8.2-3 加固标志牌紧固件

图 8.2-4 标志牌更换

## 施工作业修复后效果

图 8.2-5　标志牌安装修复后

**技术要点**

1. 标志的位置、数量及安装角度应符合设计要求，标志面板不得被其他标志或绿化等物体遮挡。垂直于道路轴线的路侧式标志，其面板不得偏向路面外侧。
2. 标志板安装后应平整完好，标志面无起皱、裂纹、缺损或凹凸变形等缺陷。
3. 新更换的标志面反光膜逆反系数、色度性能应符合设计要求。

# 8.3 混凝土护栏表面缺损修复

## 施工作业前典型病害

图 8.3-1　混凝土防撞墙表面缺损

## 主要修补材料

水泥基渗透结晶型防水涂料、防锈剂。

## 主要施工机械(工具)

无。

## 施工流程

作业区安全防护→凿除开裂松动混凝土→基底清理→喷涂防锈剂→修补→养护。

## 施工作业中图片

图 8.3-2　凿除开裂松动混凝土

图 8.3-3　喷涂防锈剂

图 8.3-4　修补

图 8.3-5　修补后找平

## 施工作业修复后效果

图 8.3-6　混凝土防撞墙表面维修后

**技术要点**

1. 混凝土防撞墙应安置稳固，无缺失、无松动；混凝土预制块件不得有贯穿裂纹。
2. 应彻底凿除开裂松动混凝土，确保基面干净，无油污、浮灰和松动物质，露出新鲜坚硬的混凝土。
3. 对于外露的锈蚀钢筋，应使用电动钢丝轮或钢丝刷清除表面的氧化层，露出金属光泽后再涂刷除锈剂。
4. 混凝土护栏的外观、色泽应均匀一致。

# 8.4 波形梁护栏更换

## 施工作业前典型病害

图 8.4-1　波形梁护栏损坏

## 主要修补材料

钢制波形护栏及配套零件。

## 主要施工机械(工具)

无。

## 施工流程

作业区安全防护 →拆除损坏护栏→立柱纠偏→安装新护栏→开放交通。

## 施工作业中图片

图 8.4-2　拆除损坏护栏

图 8.4-3　立柱纠偏

图 8.4-4　安装、加固波形梁护栏

## 施工作业修复后效果

图 8.4-5　波形梁护栏损坏修复后

**技术要点**

1. 设置位置应符合规范要求；线形应顺畅，并与道路线形协调。
2. 波形梁、立柱、柱帽、防阻块、托架及紧固件等构件应整洁，无缺损和明显变形。
3. 波形梁应顺行车方向搭接平顺，紧固件应齐全、无松动。
4. 在部分路段，应调整横梁高度，扶正立柱，并调整顺直度。
5. 维修所用的波形梁护栏构件应符合规范要求，并宜与既有设施相同。

# 8.5 里程碑、百米桩、界碑、禁车柱更换维护

## 施工作业前典型病害

图 8.5-1　里程碑缺损

图 8.5-2　百米桩损坏

图 8.5-3　界碑缺失

图 8.5-4　禁车柱损坏

## 主要修补材料

细石混凝土、预制里程碑、预制百米桩、界碑、禁车柱。

## 主要施工机械

发电机、电镐。

## 施工流程

里程碑:作业区安全防护→拆除→定位→浇筑细石混凝土→刷白→养护。

百米桩:作业区安全防护→拆除→定位→浇筑细石混凝土→刷白描字→养护。

界　碑:作业区安全防护→挖基础→定位→浇筑细石混凝土→刷白描字→养护。

禁车柱:作业区安全防护→拆除→定位→浇筑细石混凝土→养护。

## 施工作业中图片

### 里程碑

图 8.5-5　拆除损坏里程碑

图 8.5-6　定位

图 8.5-7　安装里程碑，浇筑细石混凝土

图 8.5-8　刷白

## 百米桩

图 8.5-9　拆除损坏百米桩

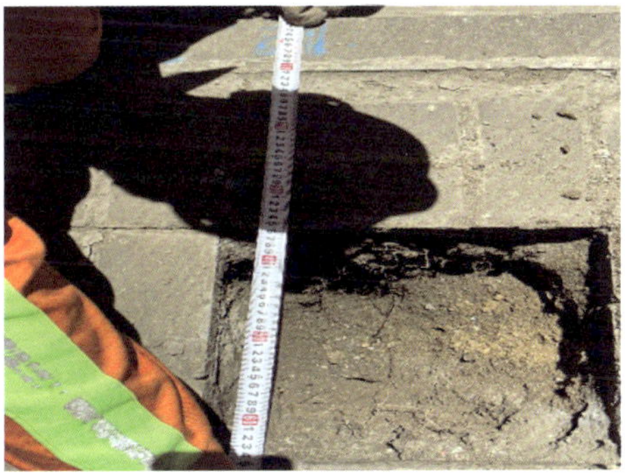

图 8.5-10　定位

图 8.5-11　安装百米桩

图 8.5-12　浇筑细石混凝土、刷白描字

## 界碑

图 8.5-13　挖基础

图 8.5-14　定位

图 8.5-15　安装界碑,浇筑细石混凝土

图 8.5-16　刷白描字

## 禁车柱

图 8.5-17　拆除损坏禁车柱

图 8.5-18　定位测量安装高度

图 8.5-19　安装禁车柱

图 8.5-20　浇筑细石混凝土

## 施工作业修复后效果

图 8.5-21　里程碑安装施工后

图 8.5-22　百米桩更换施工后

图 8.5-23　界碑安装施工后

图 8.5-24　禁车柱安装施工后

**技术要点**

1. 里程碑、百米桩的正面不得偏向路面外侧。
2. 当无中央分隔带时，里程碑(牌)、百米桩(牌)应于公路上行方向的右侧单向设置、双面标识；有中央分隔带时，应双向设置，迎行车方向单面标识。应确保版面清晰可见。
3. 设置在人行道上的里程碑(牌)、百米桩(牌)应位于行道树的前方，并宜尽量靠近行道树，避免对行人通行造成安全隐患。

## 8.6 减速带更换维护

### 施工作业前典型病害

图 8.6-1　减速带破损

### 主要修补材料

螺栓、减速带等。

### 主要施工机械(工具)

卡车、发电机、铁锹、扫帚、撬棒、扳手、冲击钻等。

### 施工流程

作业区安全防护→移除旧减速带→清理安装区域→定位与固定新减速

带→检查与调整→打眼和固定→清理现场→开放交通。

## 施工作业中图片

图 8.6-2　移除旧减速带

图 8.6-3　定位与固定新减速带

图 8.6-4　打眼和固定

## 施工作业修复后效果

图 8.6-5　减速带更换后

**技术要点**

1. 减速带应安置稳固，无松动。对减速带连接松动的部位应重新进行紧固。
2. 养护维修所用的材料、构件宜与既有设施相同。

# 9 绿化日常养护作业

## 9.1 行道树修剪

### 9.1.1 落叶行道树修剪

**施工作业前典型病害**

图 9.1-1 悬铃木徒长枝

图 9.1-2 悬铃木病虫枝

**主要修补材料**

无。

**主要施工机械(工具)**

油锯、剪枝剪、高枝剪、手锯、修枝剪、扶梯、安全绳。

**施工流程**

作业区安全防护→支梯→上树→系安全绳→剪、锯、切→清扫、涂保护剂→解安全绳→下树→收梯→清扫→现场整理。

## 施工作业中图片

图 9.1-3　修剪病虫枝

图 9.1-4　修剪下垂枝

图 9.1-5　修剪徒长枝

图 9.1-6　涂伤口愈合剂

## 施工作业修复后效果

图 9.1-7　树冠丰满完整

图 9.1-8　分枝均匀

## 技术要点

1. 落叶行道树宜在冬季进行修剪，根据行道树实际生长情况和周边环境，可选择杯状型修剪、维护型修剪、控高型修剪，保留3～5级分叉枝，严禁对行道树进行树冠回缩性的强修剪。修剪应坚持“促进树木长势提升、保持树冠圆整、消除安全隐患”的原则，根据树木生物学特点和道路条件，按照分类分级的要求，合理培养骨架，进行冠型管理。
2. 行道树修剪应以疏枝为主；主干明显的树种，应保护中央主干，中央主干受损时应及时更替培养；无明显主干的树种，应调配各级分枝，端正树形。
3. 应先剪除枯死枝、徒长枝，再由主枝的基部自内向外逐渐向上进行修剪。疏枝应自枝条基部修除，不留短桩；大枝短截应分段截枝。
4. 剥芽应在新萌发芽条尚未木质化前进行，最佳时间为5—6月份。剥芽宜保留3根不同朝向的枝条，便于冬修。
5. 行道树与公共设施的安全距离应符合标准和相应的道路等级的净空要求；行道树树冠的修剪应确保交通标志的可视性。修剪时，应处理好树冠与公共设施（交通信号灯、交通指示牌、高压电线、电缆等各类设施）及周边建筑之间的矛盾；有避让上述构造物而需单侧修剪或者短截时，必须兼顾整体树势均衡。
6. 防台风疏枝、树木移植、抢修作业、复壮更新、骨架形成期树木等的修剪，可采用非常规修剪手法。
7. 死亡植株应及时更换，及时去除树穴内的大型杂草、垃圾及浮土等杂物。补植的行道树应与原有树种、胸径保持一致。

## 9.1.2 常绿行道树修剪

### 施工作业前典型病害

图 9.1-9　香樟下垂枝

图 9.1-10　香樟枯枝

### 主要修补材料

无。

### 主要施工机械(工具)

油锯、剪枝剪、高枝剪、手锯、修枝剪、扶梯、安全绳。

### 施工流程

作业区安全防护→支梯→上树→系安全绳→剪、锯、切→清扫、涂保护剂→解安全绳→下树→收梯→清扫→现场整理。

### 施工作业中图片

图 9.1-11　修剪下垂枝

图 9.1-12　修剪枯枝

## 施工作业修复后效果

图 9.1-13　树冠圆整

图 9.1-14　符合净空要求

### 技术要点

1. 常绿行道树修剪宜在春秋季疏枝修剪。修剪应坚持“促进树木长势提升、保持树冠圆整、消除安全隐患”的原则，根据树木生物学特点和道路条件，按照分类分级的要求，合理培养骨架，进行冠型管理。
2. 行道树与公共设施的安全距离应符合标准和相应的道路等级的净空要求；行道树树冠的修剪应确保交通标志的可视性。
3. 防台风疏枝、树木移植、抢修作业、复壮更新、骨架形成期树木等的修剪，可采用非常规修剪手法。
4. 死亡植株应及时更换，及时去除树穴内的大型杂草、垃圾及浮土等杂物。补植的行道树应与原有树种、胸径保持一致。

# 9.2 行道树树穴维护

## 9.2.1 地被维护

### 施工作业前典型病害

图 9.2-1　地被超出树穴

图 9.2-2　树穴空秃

### 主要修补材料

无。

### 主要施工机械(工具)

弹簧剪、手套、扫帚。

### 施工流程



修剪:作业区安全防护 → 修剪地被 → 装袋 → 清理场地。

补种:作业区安全防护 → 翻土 → 种植 → 浇水 → 清理场地。

清理杂草:作业区安全防护 → 拔草 → 装袋 → 清理场地。

## 施工作业中图片

图 9.2-3　修剪地被

图 9.2-4　补种地被

图 9.2-5　清理杂草

## 施工作业修复后效果

图 9.2-6　树穴平整

图 9.2-7　地被茂密、无空秃

**技术要点**

1. 应防止树穴积水，树穴内表面应高于路面，边缘应与路面齐平；应及时去除树穴内的大型杂草、垃圾及浮土等杂物。
2. 发现树穴周边有堆土、堆物、搭建等毁绿现象，应及时处理。
3. 树穴覆盖物因树木生长或其他原因导致破损、凹凸不平、松散的，应及时维护，确保树穴平整。
4. 应将树冠下(绿化带)非人为种植的草类清除，面积大小根据需要而定，以减少草树争夺土壤中的水分及养分，同时除草可减少病虫害发生。

## 9.2.2 弹街石维护

### 施工作业前典型病害

图 9.2-8　弹街石松散

图 9.2-9　弹街石不完整

### 主要修补材料

弹街石。

### 主要施工机械

手套、扫帚、锄头。

## 施工流程

作业区安全防护 → 整理树穴弹街石 → 压实。

## 施工作业中图片

图 9.2-10 挖穴

图 9.2-11 整理弹街石 1

图 9.2-12 整理弹街石 2

图 9.2-13 压实弹街石

## 施工作业修复后效果

图 9.2-14 树穴平整

图 9.2-15 弹街石不松散

**技术要点**

1. 应防止树穴积水，树穴内表面应高于路面，边缘应与路面齐平；应及时去除树穴内的大型杂草、垃圾及浮土等杂物。
2. 发现树穴周边有堆土、堆物、搭建等毁绿现象，应及时处理。
3. 树穴覆盖物因树木生长或其他原因导致破损、凹凸不平、松散的，应及时维护，确保树穴平整。
4. 盖板破损应及时更换，盖板内圈大小应随树干增粗及时调整，及时补充、耙平覆盖物。

## 9.3 分隔带绿篱修剪

### 施工作业前典型病害

图 9.3-1　绿篱徒长

图 9.3-2　绿篱不平整

图 9.3-3　球类不圆满

图 9.3-4　球类徒长

## 主要修补材料

无。

## 主要施工机械(工具)

绿篱机、绿篱剪、小枝剪、手套、扫帚。

## 施工流程

作业区安全防护 → 修剪整体 → 修剪局部 → 检查修剪效果 → 处理修剪枝条→ 装袋 → 清理现场。

## 施工作业中图片

图 9.3-5　修剪绿篱

图 9.3-6　修剪红花檵木球

图 9.3-7　修剪整体

图 9.3-8　局部调整

图 9.3-9　处理修剪枝条

## 施工作业修复后效果

图 9.3-10　绿篱平整

图 9.3-11　绿篱高宽一致

图 9.3-12　球类平整圆满

图 9.3-13　景观效果佳

### 技术要点

1. 植物整形修剪应结合植物的生物学特性、生态习性、景观需求和植物健康管理要求等，适时适量进行。
2. 休眠期修剪以整形为主，可重剪；生长期修剪以调整树势为主，应轻剪。有伤流的树种应在夏秋两季修剪。
3. 应遵循自然生态群落的原则，留大去小、留强去弱，保持原有群落的景观。
4. 分隔带开口处或交叉口路口两端通视三角区范围内的绿篱宜定期调整，应采取通透式配置，不宜种植高度超过 0.6 m 的植物。
5. 绿篱植物的修剪应保证轮廓清晰，侧面垂直，平面水平，侧面与平面成 $90^{\circ}$ 角。球类植物的修剪应使轮廓圆整，底部无脱脚。在修剪多种绿篱植物时，应保持左右两种绿篱之间留出 5 cm 的空隙。对于前后两种绿篱的修剪，应按阶梯型形状进行，确保两种绿篱之间剪后留出 5 cm 的空隙，前低后高。

## 9.4 分隔带、路侧绿化带施肥

### 施工作业前典型病害

图 9.4-1　土壤营养元素不足

## 主要修补材料

无机肥料、有机肥料、固体肥料、流动肥料。

## 主要施工机械(工具)

铁锹、手套。

## 施工流程

土壤施肥:作业区安全防护 → 开沟 → 施肥 → 覆土 → 清理现场。
根施追肥:作业区安全防护 → 挖穴 → 施肥 → 覆土 → 清理现场。
根外追肥:作业区安全防护 → 配比 → 溶解 →喷洒→ 清理现场。

## 施工作业中图片

图 9.4-2　土壤施肥

图 9.4-3　根施追肥

## 施工作业修复后效果

图 9.4-4　保持土壤肥力

图 9.4-5　丰富矿质养分

**技术要点**

1. 根据植物种类、气候、环境和植物生长情况合理安排浇水，对板结土壤及时松土，并合理施肥。
2. 施肥前应先松土，以促进植株吸收。施肥后应及时浇水。
3. 花灌木可于秋季施加少量缓效肥，在秋季叶枯后，可在植株四周施以腐熟的有机肥，以改善土壤结构，提供充足养分，确保来年的开花效果。
4. 对于行道树、遮阴树，以观枝叶、观姿为主，可施氮肥，促进生长旺盛，枝叶繁茂，叶色浓绿。观花植物在花芽形成后，可施磷钾肥，以磷肥为主；花后，以施氮肥为主，促进枝叶生长。在树木生长旺盛期，增加氮磷钾肥施用量，以施氮肥为主。秋季应施磷钾肥，促进枝条、组织木质化，以确保安全越冬。
5. 观花、观果、观色叶等植物宜每年施肥 2～3 次；开花乔木在花芽分化时应施磷钾肥，营养生长时宜补充氮肥。灌木冬季宜施有机肥，花芽分化期施以磷钾肥为主的复合肥，花后根据植物生长情况施用均衡性复合肥，开花期间不施肥。

## 9.5 分隔带、路侧绿化带除草

### 施工作业前典型病害

图 9.5-1　大型野草

图 9.5-2　缠绕性、攀援性杂草

## 主要修补材料

无。

## 主要施工机械

铲子、打草机、锄头。

## 施工流程

作业区安全防护 → 除草 → 集中处理装袋 → 清运。

## 施工作业中图片

图 9.5-3　作业区安全防护

图 9.5-4　松土除草

图 9.5-5　修剪草坪

图 9.5-6　清理杂草

## 施工作业修复后效果

图 9.5-7　无大型野草

图 9.5-8　无缠绕性、攀援性杂草

**技术要点**

1. 在草坪除草时，应根据草皮生长情况，确保草皮有充足的时间恢复生长。
2. 应去除侵入性、危害性杂草，其他杂草高度不得超过原有植物。
3. 当草坪因品种退化且杂草无法控制时，宜淘汰重铺。
4. 在草坪的生长季节，应定期修剪，高度控制在 10 cm 以内；越冬前的最后 1～2 次修剪，应适当提高留茬高度。
5. 应及时进行除草工作，最好在杂草刚开始生长时进行。对于多年生杂草，应在开花结实前连根拔净。除草工作应从 4 月开始，一直持续到 10 月底，需要多次进行。

# 9.6 其他树木修剪

## 9.6.1 其他树木修剪(一)

## 施工作业前典型病害

图 9.6-1　造型差

图 9.6-2　枝条过密

## 主要修补材料

无。

## 主要施工机械(工具)

剪枝剪、高枝剪、手锯、修枝剪。

## 施工流程

作业区安全防护→观察整体造型→修剪整体→修剪局部→检查→处理→收集装袋→清理现场。

## 施工作业中图片

图 9.6-3　整形修剪

## 施工作业修复后效果

图 9.6-4　景观效果佳

图 9.6-5　株型饱满圆润

**技术要点**

1. 植物整形修剪应结合植物的生物学特性、生态习性、景观需求和植物健康管理要求等，适时适量进行。
2. 应遵循自然生态群落的原则，留大去小、留强去弱，保持原有群落的景观。
3. 绿地内乔木和灌木的修剪应以自然树形为主，不得平截强修。

## 9.6.2　其他树木修剪(二)

## 施工作业前典型病害

图 9.6-6　萌蘖枝过多

图 9.6-7　造型不佳

## 主要修补材料

无。

## 主要施工机械(工具)

剪枝剪、高枝剪、手锯、修枝剪。

## 施工流程

作业区安全防护→观察整体造型→修剪整体→修剪局部→检查→处理→收集装袋→清理现场。

## 施工作业中图片

图 9.6-8　整形修剪

图 9.6-9　修剪萌蘖枝

## 施工作业修复后效果

图 9.6-10 株型饱满圆润

图 9.6-11 景观效果佳

**技术要点**

1. 植物整形修剪应结合植物的生物学特性、生态习性、景观需求和植物健康管理要求等，适时适量进行。
2. 应遵循自然生态群落的原则，留大去小、留强去弱，保持原有群落的景观。
3. 绿地内乔木和灌木的修剪应以自然树形为主，不得平截强修。
4. 花灌木一般在休眠期进行修剪，在生长期轻剪整形即可。这样做的目的是改善通风透光条件，保持花灌木的形状与花境的整体结构相匹配。

# 9.7 树木扶正

## 施工作业前典型病害

图 9.7-1 树木倾斜

## 主要修补材料

护树桩。

## 主要施工机械(工具)

铁锹、修枝剪、扶正器。

## 施工流程

准备工作→树木修剪→松土→树木扶正→压实→树体支撑→整理现场。

## 施工作业中图片

图 9.7-2　树木修剪

图 9.7-3　松土

图 9.7-4　树木扶正

图 9.7-5　树体支撑

## 施工作业修复后效果

图 9.7-6　树木笔直不倾斜

图 9.7-7　树桩绑扎加固

### 技术要点

1. 应根据树木种植时间、所处气候环境和生长情况，做好竖桩、绑扎和加固工作。
2. 对于倾斜超过 10°的中、小树木，应进行扶正。
3. 落叶树扶正应在秋末落完叶至翌年萌芽前进行；常绿针叶树扶正应在秋梢停止生长至翌年萌芽前进行，避开冰冻期；常绿阔叶树扶正应在秋梢停止生长至霜降（10—11 月）或翌年春天转暖至萌芽前（3—4 月）进行。
4. 扶正应避开 6—9 月的高温天气。对于因机械碰撞或旋风等外力造成的倾斜，应及时扶正。
5. 扶正前应对树穴土壤进行松土和浇水。同时应根据树木周边环境及树冠生长情况，对可能受到影响的枝条进行修剪。树木扶正后，应采取打地桩、竖桩绑扎、拉铅丝、加土夯实、浇水等措施进行加固处理。

# 9.8 桥柱绿化养护

## 施工作业前典型病害

图 9.8-1　垂直绿化枯叶

图 9.8-2　垂直绿化下垂枝

## 主要修补材料

五叶地锦、常春藤、爬山虎。

## 主要施工机械(工具)

登高车、剪枝剪、防撞车。

## 施工流程

准备工作→登上登高车系上安全绳→操作登高车到达指定修剪高度→对枯枝进行修剪→下登高车→清扫垃圾装车。

## 施工作业中图片

图 9.8-3　修剪作业

## 施工作业修复后效果

图 9.8-4　无明显枯枝枯叶

图 9.8-5　植物长势佳

### 技术要点

1. 根据植物种类、气候、环境和植物生长情况合理安排浇水，对板结土壤及时松土，并合理施肥。
2. 应清除桥柱绿化、高架沿口绿化、声屏障绿化内的垃圾，保持种植槽、花架及其他附属设施的整洁。
3. 桥柱绿化养护应确保植株生长健康，植物分布均匀，与周边环境及设施相协调，网片、种植槽、墙体支撑、给排水系统等附属设施无缺损、松动或脱落。
4. 立交桥沿口绿化养护应确保植株生长、规格基本一致，种植箱、集水槽无破损、开裂、松动。

# 9.9 声屏障绿化养护

## 施工作业前典型病害

图 9.9-1 垂直绿化爬到龙门架上

图 9.9-2 垂直绿化过密、乔木伸进车道

图 9.9-3 垂直绿化外翻

图 9.9-4 垂直绿化生长过密

图 9.9-5 垂直绿化下部杂草

图 9.9-6 垂直绿化下部植草砖积泥杂草

## 主要修补材料

牵引绳、抗病虫生物制剂等。

## 主要施工机械(工具)

登高车、油锯、剪刀、高枝剪等。

## 施工流程

登高作业:作业区安全防护→登高车到位→作业前检查登高安全设施是否佩戴完成→吊篮上升开始作业→修剪、清理→拉牵引绳→吊篮降至地面,人员安全出篮→清理修剪下来的垃圾→所有人员和机械撤出后撤封→结束。

地面作业:作业区安全防护→除草、修剪、清理、喷洒抗病虫生物制剂→工完场清→结束。

## 施工作业中图片

图 9.9-7 垂直绿化修剪、清理

图 9.9-8 垂直绿化外翻清理、拉牵引绳

图 9.9-9 绿化生长过密抽稀修剪

图 9.9-10　下部杂草清理

图 9.9-11　下部植草砖积泥杂草清理

## 施工作业修复后效果

图 9.9-12　修剪清理后

图 9.9-13　垂直绿化外翻清理后

图 9.9-14　垂直绿化抽稀修剪后

图 9.9-15 垂直绿化下部杂草清理后

图 9.9-16 下部植草砖积泥杂草清理后

### 技术要点

1. 应清除声屏障绿化内的垃圾,保持种植槽、花架及其他附属设施的整洁。
2. 声屏障绿化养护应确保植株生长健康,构件完整,功能完备。
3. 灌排水应符合下列要求:

1) 根据植物品种、气候特点、声屏障工程类型等情况,适时、适量且以适宜的方式进行灌水和排涝。

2) 采用灌溉设备和措施的,根据季节与气温调整灌溉量与灌溉时间。

4. 修剪应符合下列要求:

1) 应修除枯枝、严重病虫枝、残花枝、徒长枝等,以使枝条在架面上均匀分布,并控制植物生长所产生的活荷载,以满足设计承载要求。

2) 应按照设计要求引导植物枝条的生长方向,并及时修除影响行人、车辆通行以及接近重要结构件的枝叶。

5. 附属设施维护应符合下列要求:

1) 应定期对灌排水设施进行检修和维护,每年至少 1 次。

2) 应定期检查支撑框架的主体结构以及各搭接部分,每年至少 1 次。雨季和台风前后,应加强检修。

# 9.10 地被修剪

## 9.10.1 常绿地被修剪

### 施工作业前典型病害

图 9.10-1 枝条徒长

图 9.10-2 地被长出侧石

### 主要修补材料

无。

### 主要施工机械(工具)

绿篱剪、手套、扫帚。

### 施工流程

作业区安全防护→修剪整体→修剪局部→检查修剪效果→处理修剪枝条→装袋→清理现场。

## 施工作业中图片

图 9.10-3　修剪整体

图 9.10-4　修剪局部

## 施工作业修复后效果

图 9.10-5　地被平顺、完整

图 9.10-6　整体效果佳

**技术要点**

1. 地被类植物修剪应促进枝条分散，加速覆盖地面，同时清除枯枝。
2. 对于影响整体面貌和存在缺损的绿化区域，应进行更新、补植和调整。
3. 公路绿化养护应包括定期修剪和加强有害生物的防控。

## 9.10.2 花卉植物修剪

### 施工作业前典型病害

图 9.10-7 地被残花

### 主要修补材料

无。

### 主要施工机械(工具)

绿篱剪、手套、扫帚。

### 施工流程

作业区安全防护→修剪整体→修剪残花→检查修剪效果→处理修剪枝条→装袋→清理现场。

## 施工作业中图片

图 9.10-8 修剪残花

图 9.10-9 除去过密枝条

## 施工作业修复后效果

图 9.10-10 景观效果佳

图 9.10-11 符合植物生长特点

### 技术要点

1. 对于影响整体面貌和存在缺损的绿化区域，应更新、补植和调整。
2. 公路绿化养护应包括定期修剪和加强有害生物的防控。
3. 应根据植物的品种或生长期来决定浇水量。生长期长的植物需要水分少，可少浇或不浇水。浇水量和浇水次数确定的原则是：以水分浸润根系分布层和保持土壤湿润为宜。
4. 对于以观枝叶、观姿为主的植物，可施氮肥，以促进生长旺盛，枝叶繁茂，叶色浓绿。对于观花植物，花芽形成后可施磷钾肥，以磷肥为主；

花后施氮肥为主，以促进枝叶生长。秋季应施磷钾肥，以促进枝条、组织木质化，确保植物安全越冬。

5. 日常采用维护性修剪，以轻修、抽稀为主。及时剪掉残败的枝叶、凋谢的花头、病虫枝及其他影响株形的枝叶，注重花卉整体结构的协调，以保持花卉植物处在最佳观赏状态。
6. 在开花前一个多月，对生长过高的植株进行短截，可使植株更为强壮，株形更为丰满，且能降低高度，增强抗倒伏能力，并增加花量。
7. 对于可二次开花植物，在花后及时进行修剪和追肥，以延长花期，确保二次开花时花繁色艳、花朵大而充实。
8. 对于自播能力强的宿根花卉，应在开花后及时清除花序，避免其种子成熟后随风飘散，蔓延到其他种类的植物中，破坏整体效果。

# 附录 1　日常巡查记录表

## 一、公路巡查记录表(路面、桥梁)

**巡查记录表格**

巡查日期：　　　年　月　日　时　分 —　时　分　　　　　天气：

| 巡查路线： | | | | | |
| --- | --- | --- | --- | --- | --- |
| 巡查车辆牌号： | | | | | |
| 具体位置 | | | 缺陷描述（包括类型、程度、数量等） | 处置建议 | 备注 |
| 上下行 | 桩号 | 车道 | | | |
| | | | | | |
| | | | | | |
| | | | | | |
| | | | | | |
| | | | | | |
| | | | | | |
| | | | | | |
| | | | | | |
| | | | | | |
| | | | | | |
| | | | | | |
| | | | | | |
| | | | | | |
| | | | | | |

巡查单位：　　　　　　　　　　　　　　巡查记录人：

## 二、隧道巡查记录表

<table>
<tr><td colspan="4">隧道日常检查工作日志</td></tr>
<tr><td colspan="2">设施名称：</td><td colspan="2">年　　月　　日　　班</td></tr>
<tr><td rowspan="2">交接班时间<br>时　分</td><td colspan="2">接班人员签字</td><td>交班人员签字</td></tr>
<tr><td colspan="2"></td><td></td></tr>
<tr><td rowspan="2">交接班<br>检查情况</td><td colspan="3">工具：　　　仪表：　　　钥匙：　　　安全用具：</td></tr>
<tr><td colspan="3">设施、设备情况：</td></tr>
<tr><td>检查内容</td><td colspan="2">检查项目</td><td>检查结果</td></tr>
<tr><td>路面</td><td colspan="2">是否有明显缺陷(坑塘、碎裂、沉陷、裂缝、错台等)</td><td></td></tr>
<tr><td>横截沟、边沟</td><td colspan="2">是否有积泥等垃圾堵塞</td><td></td></tr>
<tr><td>车行道</td><td colspan="2">是否有渗漏水状况</td><td></td></tr>
<tr><td>侧墙</td><td colspan="2">侧墙、搪瓷钢板及嵌条是否有起拱、脱落现象</td><td></td></tr>
<tr><td>设备箱门</td><td colspan="2">设备箱门是否清洁、是否关闭</td><td></td></tr>
<tr><td>照明</td><td colspan="2">是否有连续 3 组照明灯不亮、光过渡段连续 2 组灯不亮</td><td></td></tr>
<tr><td>车检</td><td colspan="2">超高检测器、车检器、情报板能否正常显示</td><td></td></tr>
<tr><td>车道指示灯</td><td colspan="2">车道红绿灯能否正确反映交通状况</td><td></td></tr>
<tr><td>风机</td><td colspan="2">射流风机、轴流风机运行情况是否正常</td><td></td></tr>
<tr><td>标识</td><td colspan="2">隧道服务标识是否完好、正确</td><td></td></tr>
<tr><td>雨水泵房</td><td colspan="2">泵体、水阀、连接法兰有无渗漏水；控制箱供电是否正常，有无报警；集水井水位是否正常，有无积泥状况</td><td></td></tr>
<tr><td>消防泵房</td><td colspan="2">房间内有无漏水，水泵控制箱有无报警，压力表是否显示正确</td><td></td></tr>
<tr><td>设备房</td><td colspan="2">是否有异常气味、设备异常报警，设备是否损坏</td><td></td></tr>
<tr><td>高压室</td><td colspan="2">三相电压、三相电流是否正常，计量柜显示是否正常</td><td></td></tr>
<tr><td>低压室</td><td colspan="2">低压馈电柜外观是否正常，三相电压、三相电流是否正常，变压器温度是否正常，功率因数是否正常</td><td></td></tr>
<tr><td>弱电机房</td><td colspan="2">UPS 与 EPS 三相输入输出是否正常；各系统主机是否有报警或异常，机房温湿度是否正常</td><td></td></tr>
</table>

续　表

| 时间 | 工作内容 | 时间 | 工作内容 |
|---|---|---|---|
| | | | |
| 备注 | | | |
| 说明:情况正常打“ √ ”;存在问题或故障的打“×” | | | |

# 附录 2 经常性检查记录表

## 一、道路经常性检查记录表

| 项目名称 | | 内容 | 状态描述 | 备注 |
|---|---|---|---|---|
| 路面 | 沥青路面 | 是否有龟裂、块状裂缝、纵向裂缝、横向裂缝、沉陷、车辙、波浪拥包、坑槽、松散、泛油、修补等病害 | | |
| | 混凝土路面 | 是否有破碎板、裂缝、板角断裂、错台、拱起、边角剥落、接缝料损坏、坑洞、唧泥、露骨、修补等病害 | | |
| 附属设施 | | 护栏、隔离栅、防眩设施、其他设施是否完好 | | |
| 环卫情况 | | 1. 道路路面、人行道、路边沟、排水沟、花坛、绿地地穴、树头、果皮箱四周等区域，有无垃圾、杂草。<br>2. 道路上的灯杆、树干等公共设施应保持清洁，有无广告、废旧宣传条幅或其他张贴物、悬挂物。<br>3. 污水口、雨水口是否保持畅通，有无堵塞物。<br>4. 垃圾箱(桶)是否保持整洁，有无破损、满溢现象 | | |
| 检查人 | | | 检查日期 | |

## 二、桥梁经常性检查记录表

| 管理单位 | | | | | |
|---|---|---|---|---|---|
| 路线编码 | | 路线名称 | | 桥位桩号 | |
| 桥梁编码 | | 桥梁名称 | | 养护单位 | |
| 部件名称 | 缺损类型 | 缺损范围 | | 保养措施意见 | |
| 翼墙 | | | | | |
| 锥坡、护坡 | | | | | |

**续　表**

| 部件名称 | 缺损类型 | 缺损范围 | 保养措施意见 |
| --- | --- | --- | --- |
| 桥台及基础 | | | |
| 桥墩及基础 | | | |
| 地基冲刷 | | | |
| 支座 | | | |
| 上部机构 | | | |
| 桥与路连接 | | | |
| 伸缩缝 | | | |
| 桥面铺装 | | | |
| 人行道、缘石 | | | |
| 栏杆、护栏 | | | |
| 标志、标线 | | | |
| 排水设施 | | | |
| 照明系统 | | | |
| 桥面清洁 | | | |
| 调制结构物 | | | |
| 其他 | | | |
| 负责人 | | 记录人　　　　 | 检查日期 |

## 三、隧道经常性检查记录表

<table>
<tr><td colspan="2">设施名称：</td><td colspan="2">年　　　月　　　日</td></tr>
<tr><td rowspan="2">检查人员</td><td>检查人签字</td><td colspan="2">值班长签字</td></tr>
<tr><td></td><td colspan="2"></td></tr>
<tr><td rowspan="2">工具携带情况</td><td colspan="3">工具：　　　　仪表：　　　　钥匙：　　　　安全用具：</td></tr>
<tr><td colspan="3">设施、设备情况：</td></tr>
<tr><td>检查内容</td><td colspan="2">检查项目及要求</td><td>检查结果</td></tr>
<tr><td rowspan="2">隧道通道</td><td colspan="2">基本照明、加强照明是否正常点亮，有无连续 3 盏不亮</td><td></td></tr>
<tr><td colspan="2">安全疏散通道引导灯是否正常显示</td><td></td></tr>
</table>

续 表

| 检查内容 | 检查项目及要求 | 检查结果 |
|---|---|---|
| 隧道通道 | 交通信号灯工作状况是否正常 | |
| | 可变情报板、限速板显示内容是否正确 | |
| | 隧道内电话通话质量是否正常 | |
| | 隧道内广播声音质量是否正常 | |
| | 照明控制箱供电是否正常，电气元器件是否完好，箱内有无积尘、漏水 | |
| 车道指示灯 | 车道指示灯是否正常显示 | |
| 射流风机 | 射流风机运行状况是否正常 | |
| | 风机控制箱供电是否正常，电气元器件是否完好，箱内有无积尘、漏水 | |
| 消防及喷淋设备 | 雨淋阀组及电磁阀有无渗漏水 | |
| | 阀柄位置是否正确 | |
| | 消火栓箱内消火栓有无滴漏水 | |
| 消防泵房 | 泵房内照明是否正常 | |
| | 泵体、水阀、连接法兰有无渗漏水 | |
| | 控制柜显示器是否能清晰显示消防泵即时工作状况 | |
| | 泵轮巡自检运行是否正常 | |
| | 控制箱供电是否正常，电气元器件是否完好，箱内有无积尘 | |
| | 各阀门手柄位置是否正确，压力表显示是否正确 | |
| 废水泵房 | 泵房内照明是否正常 | |
| | 泵体、水阀、连接法兰有无渗漏水 | |
| | 控制柜显示器是否能清晰显示废水泵即时工况 | |
| | 废水泵累计运行时间是否正常显示 | |
| | 集水池积水水位是否正常 | |
| | 水位监测仪显示水位与集水池水位是否相符 | |
| | 集水池内积泥状况，吸水口有无堵塞物 | |
| | 控制箱供电是否正常，电气元器件是否完好，箱内有无积尘 | |

续　表

| 检查内容 | 检查项目及要求 | 检查结果 |
|---|---|---|
| 废水泵房 | 各阀门手柄位置是否正确，压力表显示是否正确 | |
| | 停泵时单向阀关闭声音是否正常 | |
| 雨水泵房 | 泵房内照明是否正常 | |
| | 泵体、水阀、连接法兰有无渗漏水 | |
| | 控制柜显示器是否能清晰显示雨水泵即时工况 | |
| | 雨水泵累计运行时间是否正常显示 | |
| | 集水池积水水位是否正常 | |
| | 水位监测仪显示水位与集水池水位是否相符 | |
| | 集水池内积泥状况，吸水口是否有堵塞物 | |
| | 控制箱供电是否正常，电气元器件是否完好，箱内有无积尘 | |
| | 各阀门手柄位置是否正确，压力表显示是否正确 | |
| 配电室 | 室内环境是否正常（温度≤40℃，湿度≤90%） | |
| | 室内地面有无积水，墙面有无渗漏水 | |
| | 室内照明是否正常 | |
| | 设备房紧急照明试验结果是否正常 | |
| | 真空开关储能指示是否显示“已储能” | |
| | 进线开关柜指示电压、电流值是否基本平衡；进线电压指示电压值是否在相应的电压等级位置 | |
| | 信号继电器有无掉牌 | |
| | 各开关运行状况是否符合当日供电接线要求 | |
| | 变压器有无放电声、有无闪络现象 | |
| | 各现场开关是否在正常运行位置；自投转换开关是否在自动位置 | |
| | 变压器温度是否正常（正常干变温度不超过 105℃） | |
| | 补偿电容柜电容器外观有无变形情况 | |
| | 电源自切柜电压指示电压值是否在相应的电压等级位置，二段供电电源是否有效 | |
| | EPS 智能电源柜显示屏工作是否正常，电压表、电流表数值是否正常 | |
| | 检查信号屏，供电系统有无故障 | |

续　表

| 检查内容 | 检查项目及要求 | 检查结果 |
|---|---|---|
| 设备房混流风机 | 机房内照明是否正常 | |
| | 风机运行状况是否符合指定的当日风机运行方案 | |
| | 控制柜显示器是否能清晰显示风机即时工作状况；控制柜是否供电正常，电气元器件是否完好，柜内有无积尘 | |
| | 运行中风机运行电流是否在额定值；风门是否在开启位置；有无异常声响及异常震动 | |
| | 停运中风机风门是否在关闭位置 | |
| | 风机累计运行时间记录是否正常显示 | |
| | 房内有无积水、渗漏水情况 | |
| 缺陷与异常情况记录： | | |
| 备注： | | |
| 说明：情况正常打“√”，存在问题或故障的打“×” | | |

## 四、绿化经常性检查记录表

巡查人员：　　　　　　　　　　　　巡查日期：

| 一、乔木巡查情况 | | | | | | | | |
|---|---|---|---|---|---|---|---|---|
| 序号 | 乔木名称 | 位置 | 生长状况（良好/一般/较差） | 病虫害情况[无/有（描述症状）] | 修剪情况（合规/需修剪） | 支撑情况（稳固/松动） | 浇水情况（充足/不足） | |
| 1 | | | | | | | | |
| 2 | | | | | | | | |
| 3 | | | | | | | | |
| 4 | | | | | | | | |

续 表

| 二、灌木巡查情况 | | | | | | | | |
|---|---|---|---|---|---|---|---|---|
| 序号 | 灌木名称 | 位置 | 生长状况（良好/一般/较差） | 病虫害情况［无/有（描述症状）］ | 修剪情况（合规/需修剪） | 施肥情况（已施/未施） | 浇水情况（充足/不足） | |
| 1 | | | | | | | | |
| 2 | | | | | | | | |
| 3 | | | | | | | | |
| 4 | | | | | | | | |
| 三、草坪巡查情况 | | | | | | | | |
| 序号 | 草坪名称 | 位置 | 草色（均匀/枯黄） | 病虫害情况［无/有（描述症状）］ | 修剪高度（合规/过高） | 施肥情况（已施/未施） | 浇水情况（充足/不足） | 杂草情况［无/多（描述）］ |
| 1 | | | | | | | | |
| 2 | | | | | | | | |
| 3 | | | | | | | | |
| 4 | | | | | | | | |
| 四、花卉巡查情况 | | | | | | | | |
| 序号 | 花卉名称 | 位置 | 花期状况（正常/提前/延迟） | 病虫害情况［无/有（描述症状）］ | 修剪情况（合规/需修剪） | 施肥情况（已施/未施） | 浇水情况（充足/不足） | 杂草情况［无/多（描述）］ |
| 1 | | | | | | | | |
| 2 | | | | | | | | |
| 3 | | | | | | | | |
| 4 | | | | | | | | |

**续　表**

| 五、土壤巡查情况 | | | | | | | | |
|---|---|---|---|---|---|---|---|---|
| 序号 | 位置 | 土壤湿度（湿润/干燥） | 土壤板结情况（无/有） | 土壤肥力（良好/较差） | | | | |
| 1 | | | | | | | | |
| 2 | | | | | | | | |
| 3 | | | | | | | | |
| 4 | | | | | | | | |
| 六、灌溉系统巡查情况 | | | | | | | | |
| 序号 | 位置 | 工作状态（正常/异常） | 漏水情况（无/有） | 水量分布（均匀/不均匀） | | | | |
| 1 | | | | | | | | |
| 2 | | | | | | | | |
| 3 | | | | | | | | |
| 4 | | | | | | | | |
| 七、园林设施巡查情况 | | | | | | | | |
| 序号 | 设施名称 | 位置 | 完好情况（完好/损坏） | 清洁情况（干净/脏污） | | | | |
| 1 | 围栏 | | | | | | | |
| 2 | 花坛 | | | | | | | |
| 3 | 园路 | | | | | | | |
| 4 | | | | | | | | |

续　表

| 八、安全隐患巡查情况 | | | | | | | | |
|---|---|---|---|---|---|---|---|---|
| 序号 | 位置 | 隐患描述 | 处理措施（已处理/未处理） | | | | | |
| 1 | | | | | | | | |
| 2 | | | | | | | | |
| 3 | | | | | | | | |
| 4 | | | | | | | | |